G-7 국가의
노인복지정책

G-7 국가의
노인복지정책

양석원 지음

한국학술정보㈜

들어가는 말

한국 노인복지정책의 발전을 위해서는 노인복지관련시스템의 정비, 프로그램의 개발 등과 이를 뒷받침하기 위한 재정 확보가 종합적으로 추진되어야 할 시기라고 생각한다. 이에 본 연구에서는 선진국의 노인복지제도를 분석하여 우리나라 노인복지정책의 개선방안을 제시하고자 하였다. 특히 우리나라의 경우 사회복지비 지출이 GDP 대비 10% 미만으로 OECD 평균의 20%대보다 현저히 낮은 점을 감안할 때 사회복지비에 대한 재정 확충은 매우 중요한 과제이다. 현실에서의 노인문제점은 여러 가지가 있지만 시급한 정책상의 문제점을 살펴보면 다음과 같다.

(1) 노인복지의 System 및 목표 부족이다. 어떤 일을 집행하든지 목표가 정확해야 한다. 노인복지정책에 대한 분명한 목표가 먼저 설정되어야 한다.

(2) 복지 Program의 다변화다. 다양한 복지제도를 구현하기 위해서는 보다 많은 프로그램이 개발되어 적절하게 활용하여야 한다.

(3) 복지제도를 실행하기 위해서는 무엇보다도 준비된 재정이 필요하다. 현재 현저하게 낮은 사회비 지출을 선진국을 모델 삼아 점차적으로 개선해 나가야 할 것이다(사회 지출비: 우리나라

10%대 / 선진국 200%대 - GDP 기준, 통계청, 2007). 서두르지 말고 점차적으로 하나씩 풀어 나가야 할 것이다.

이에 노인복지정책의 개선방안을 정리해 보면 다음과 같다.

(1) 향후 남북통일을 대비한 남북한 민족공동체의 사회통합에 필요한 21세기 복지정책발전계획을 보다 구체적으로 수립하고 통일에 대비한다.

(2) GDP 20%의 사회복지비 지출을 확보하기 위해 전국적 소득조사를 실시하며 상환제도 도입 등의 과감한 세제개혁에 의한 적절한 복지재원 확보가 이루어지게 한다.

(3) 정책결정 과정에 사회구성원들 대표들이 모두 참여할 수 있는 민주적 참여구조를 확립하여 많은 아이디어 창출을 유도한다.

(4) 최저 '빈곤선'을 설정하여 국민복지 기본선을 보장하고 최저생활 이하 가구에 대한 세제감면 또는 공공요금 감면을 통한 복지를 제공하며 기초생활수급자의 범위를 확대하여 사회안전망을 구축한다.

(5) 4대 보험을 장기요양보험법으로 통일하여 효율적 운영이 되도록 한다.

(6) 지역사회 주민의 요구와 특성의 파악, 필요한 서비스의 개발, 지방의 재정자립도 확립을 위한 기반조성, 전문성의 확보 등을 할 수 있는 효과적인 국가 차원의 사회복지 행정체계를 확립한다.

(7) 국가복지의 한 보완적인 문제로 민간복지단체, 종교단체 및 사회사업가의 적극적인 참여를 유도, 활성화한다.

(8) 정부나 국민의 낮은 복지의식을 고양하기 위하여 노인복지의 중요성을 알리고 전 국민에게 적극적인 참여를 홍보해야 한다. 그러나 선진국들에 비해 현저하게 낮은 사회비로 복지건설을 하려다 보니 많은 어려움과 한계점에 이르게 된다.

이에 본서에서 향후 노인복지정책의 연구방향을 제시하면 다음과 같다.

(1) 소득, 의료, 주거, 교육, 고용, 사회복지서비스 등 6대 영역에서의 노인복지 기본선을 제정하고 국가가 주된 책임을 지고 보장하는 국가사회 복지제도의 현실적인 개혁이 요구된다.

(2) 복지제도가 제대로 정비되어 있지 못한 상태에 있는 노인복지에 대해 최저 기본선을 제정하며 노인복지제도를 개혁하고 확충해 나가야 한다.

(3) 노인복지제도의 현실은 지난 수십 년간의 저발전으로 인해 많은 사각지대를 남겨 두고 있으며, 보장성 또한 높지 않은 상황이다. 사각지대 해소와 보장성 강화를 위한 사회적 요구를 충족시키기에는 실용적인 검토가 필요하다.

(4) 지속가능성을 고려한 장기적 목표를 설정하고, 그것에 이르는 현실적인 개편방안을 제안하여 현재 정부가 추진 중인 제도별 지속가능성과 노인복지제도의 지속적이고 차별 없는 정책을 유지해 나가야 한다.

이에 본 연구에서는 선진국의 노인복지정책의 정책 방향, 고령자 고용정책, 노인건강보장 및 지원정책에 대해 알아보았으며 유럽의 선진국과 우리나라와 비교하여 미흡한 점이 무엇인지를 파악해 보고 이에 대한 개선책을 연구해 보았다. 본서를 통해 복지정책 이론에서 복지국가의 기원과 목표 및 복지국가 발달에 이바지가 되었으면 하는 조그마한 바람이다.

목차

제1장
서론

우 리나라의 기본복지는 건강보험, 고용보험, 국민연금 등 사회
보험제도가 도입됨과 더불어 외환위기 이후 노인복지제도
가 기초생활보장제도를 중심으로 하여 본격화되면서부터 복지제도
의 기본적인 틀을 갖추기 시작하였다고 본다. 그러나 차상위계층 등
광범위한 복지 사각지대가 여전히 존재하고 있으며, 노인복지에 대한
사회복지 부분은 여전히 미흡하여 노인의 기본적인 복지수요 충족을
위한 복지정책은 아직도 불완전한 단계에 머물고 있는 실정이다. 이
와 같이 노인복지제도가 아직 충분히 갖추어져 있지 못함에도 불구
하고 복지지출은 급속히 증가하고 있어 재정 부담이 되고 있다.

우리나라는 노인복지제도가 빈약한 상황에서 체계적인 장기적 계
획 없이 단기간에 급속히 확대되어, 여전히 부족한 부분이 많은 동시
에 운영상의 비효율성도 나타나고 있는 실정이다. 노인복지제도의 가
장 큰 문제는 복지프로그램이 단편적으로 확대되는 과정에서 복지지
출의 우선순위가 모호하게 설정되어 사회적 책임이 요구되는 '사회
적 위험'의 범위에 대해 개인과 사회의 책임, 지역사회와 정부 간의
역할분담이 명확하지 않다는 것이다.

이러한 불명확성은 노인복지에 대한 국민적 지지기반을 공고히 하

는 데 부정적인 요소로 작용하며 결과적으로는 노인복지체제의 정착을 저해하는 요인으로 작용한다. 우리나라와 같이 공적부조가 중심을 이루고 있는 기초적인 복지제도에서는 다수국민이 복지비용을 부담하는 반면 복지지출의 혜택을 받는 계층은 소수이므로 노인복지에 대한 정치적 기반을 세워야 한다. 정치적 지지기반을 확보하기 위해서는 복지프로그램의 정당성이 인정되어야 한다. 더욱이 복지제도가 비효율적으로 운영되고 있다는 평가를 받을 경우에는 노인복지제도 유지의 전제조건이 되는 정치적 지지기반 확대가 보장되기 어렵다.

현재의 노인복지제도에서는 복지지원 방식의 모호성에 따른 형평성 훼손 및 예산낭비 문제도 발생하고 있다. 한 예로 건강보험의 지역가입자에 대한 포괄적 지원, 노인교통수당 지원 등 지원대상의 소득수준과 무관한 지원방식이 존속하고 있다는 것을 들 수 있다.

노인복지지출에 있어서 재정 절감의 유인을 충분히 갖추고 있지 못함으로 해서 의료급여의 증가, 일자리창출 사업의 남발 등 비효율성이 증가하고 있다는 점도 문제점으로 지적된다. 노인복지를 효과적으로 전달할 수 있는 복지전달체계는 사회복지 인력의 규모와 전문성, 시설확보 측면에서 미흡하게 형성되어 있어서 주어진 예산지출에 대한 효과도 충분히 거두지 못하고 있다. 이와 같이 비효율적이면서도 낭비적인 노인복지지출의 지속적인 증가는 정작 지출이 필요한 부문에 대한 지출 여력을 제한함으로써 확대되는 복지수요에 대하여 충분하게 대응하지 못하게 하는 원인으로 작용할 수도 있다.

한국노인복지정책의 발전방향에 대하여 여러 가지 정책들이 종합적으로 추진되는 프로그램으로 개혁하는 것이 필요하며, 이러한 개혁이 개별적인 프로그램의 개혁보다 추진력에 있어서 효과적이라고 볼 수 있다. 예를 들어, 노인장기요양제도 및 노인소득프로그램의 개혁과 연계된 하나의 정책으로 논의가 이루어지는 것이 바람직하다. 더구나 노인복지 서비스부문이 급속히 팽창하고 있는 사회보험 부문에 비하여 상대적으로 발전이 미진한 것도 우리나라 노인복지체제의 문제로 지적된다.

노인복지 선진화를 위한 정책개발이 절실히 필요한 시기에, 본 연구에서 선진국의 노인복지를 분석하여 이에 대한 개선방안을 제시하였으니 향후 우리나라 노인복지정책에 밑거름이 되었으면 하는 바람이 본 저서의 목적이라 할 수 있다. 연구목적에 따른 연구내용과 방법은 다음과 같다.

① 일반적으로 노인복지정책의 분석은 적용대상, 급여, 재원조달, 관리운영체계 등의 내용을 바탕으로 이루어지는데 본서에서는 선진국들 제도의 특성을 분석하여 성공적인 정책이 무엇인지를 알아보고자 한다.

② 한나라의 정책이란 그 나라의 정치, 경제, 사회적 상황, 도입 당시에 의해 많은 영향을 받는다. 이에 따라 정치, 경제, 사회적 요인들을 살펴보고 노인복지정책의 배경을 살펴보고자 한다.

③ 서방선진국과 한국노인복지정책의 특성분석을 통하여 한국노인복지정책의 발전방향 및 적용할 수 있는 제도 및 서비스에 대한 시사점을 얻고자 하는 데 있다.

연구방법은 문헌조사 및 자료분석의 방법을 사용하였으며 서방선진국의 노인복지정책에 대한 정치, 경제, 사회에 관련된 자료들을 참조하였다.

제2장
노인복지 필요성 및
경제적 특성

제1절 노인의 개념

노인에 대한 정의는 일반적인 노인과 법적인 노인으로 노인이 처해 있는 사회, 문화적 상황 및 개인적 상황 등에 따라 다양하기 때문에 한마디로 정의하기는 어렵다. 시대와 사회에 따라 다르지만 일반적으로 공통적인 연령과 기능상태를 기준하여 노인 여부가 결정된다. Leonard Breen은 개념에는 적어도 생물학적, 심리적 및 사회적 개념이 포함되어야 한다는 입장에서 노인을 아래와 같이 구분한다.

① 생리적 및 생물리학적인 면에서 퇴화기에 있는 사람이다.

② 심리적인 면에서 정신기능과 성격이 변화되고 있는 사람이다.

③ 생체의 적응능력이 점차로 결손되고 있는 사람이다.

④ 조직의 예비능력이 감퇴하여 적응이 제대로 되지 않는 사람이다.

또 국제노년학회(1951)[1]에서는 노인이란 인간의 노령화 과정에서

---

1) 국제노년학회(International Association of Gerontology): 1938년 설립된 노령연구회가 발전해 1950년에 제1회 국제노년학회가 개최된 것을 계기로 결성되었다. 각국의 노년학단체의 국제협력을 통해서 생물학적, 의학적, 사회적 노년학 연구와 전문가의 교육훈련 촉진 및 노인문제에 대한 관심의 환기를 촉구하는 활동을 하고 있다. 본부는 이스라엘에 있으며 세계 34개국의 국내조직이 가맹되어 있으며 3년마다 국제회의가 개최된다. 사회복지사전 발행처, 한국사회복지협의회, 1993.

생리적, 심리적, 환경적 및 행동의 변화가 상호작용하는 복합형태의 과정이라 정의하였다. 노인이라는 용어는 일반적으로 "나이가 들어 제반기능이 저하된 사람"을 의미하며 노인을 지칭하는 용어로는 노인, 노년, 고령화, 어르신 등이 있다.

또한 Oxford 대학의 Breen(1976)이 노인의 개념을 정의한 학자의 내용을 살펴보면 다음과 같다.

① 생물학적, 생리적 측면에서 퇴화기에 있는 사람이다.

② 심리적 측면에서 정신기능과 성격이 변화하고 있는 사람이다.

③ 사회적 측면에서 지위와 역할이 상실되어 가는 사람이다.

④ 인간의 노화과정에서 나타나는 생리적, 심리적, 환경적 변화 및 행동적 변화가 복합적으로 상호작용하는 과정에 있는 사람이다.

⑤ 생리적 및 신체적 기능의 퇴화와 더불어 심리적인 변화가 일어나서 개인의 자기 유지기능과 사회적 역할기능이 약화되고 있는 사람이다.

더불어 노인의 인위적 정의에는 다음과 같은 것이 있다.

① 개인의 자각에 의한 노인: 스스로가 주관적 판단에 의해 노인이라고 정하는 것으로 노인을 위한 상담 등 임상적 실천에서는 매우 유용하게 사용될 수 있다.

② 역연령에 의한 노인: 가장 보편적인 정의로 독일의 노령연금 수급기준은 65세, 고령자고용촉진법에서는 55세 이상, 국민연금법에서는 노령연금 수급기준을 60세로, 노인복지법에서는 65세를 노인으로 규정하고, 일반적으로 우리나라에서는 노인에 관한 연령기준을 55~65세로 본다.

③ 사회적 역할상실에 의한 노인(사회적 노인): 사회적 시계(Social

clock) 또는 사회적 연령의 개념을 적용하여 노인을 정의한 것
으로 사회적 지위와 역할이 불분명하다는 한계가 있다.

④ 기능적 연령에 의한 노인: 특정 연령범주에 속한 개인의 외모,
자아통제력, 정신기능 등의 기능수준을 근거로 하여 노인을 규
정하는 방식으로 노인에 대한 한계점을 보완하는 장점이 있으
나, 기능적 연령을 사정할 수 있는 기준과 영역이 매우 복잡하
고 정책이나 행정의 편의성이 낮아 노인에 관한 법·정책·실
천 현장에서 활용하는 데 한계가 있다.

⑤ 발달단계에 따른 노인: 인간의 발달단계는 신체, 심리, 사회적
속성이나 환경적 특성에 따라 구분할 수 있는데 50대 후반부터
초기 노년기, 60세 또는 65세부터 노년기, 75세 이후를 후기 노
년기로 구분하는 경우이다.

노인을 위한 원칙을 살펴보면 1990년 UN총회에서 매년 10월 1일
을 '국제 노인의 날'2)로 제정하고 1991년에 노인을 위한 노인원칙을
다음과 같이 정하였다.

① 자립의 원칙: 개인의 결정과 선택을 제3자에게 의지하지 않고
스스로 결정할 수 있도록 하는 원칙이다.

② 참여의 원칙: 노인 스스로 의사결정, 지식전달, 지역봉사 기회
를 찾도록 하고 노인운동 또는 노인협회 구성원으로 참여하는
원칙이다.

③ 보호의 원칙: 가족과 지역사회의 보호와 보살핌을 받는 원칙이다.

④ 자아실현의 원칙: 잠재력을 개발하기 위한 기회를 추구하는 원칙이다.

---

2) 노인의 날: 1990년 UN총회에서 매년 10월 1일을 '국제 노인의 날'로 제정했다.

⑤ 인간존엄성의 원칙: 존엄성을 지켜줌으로 삶의 질을 향상시킨
　　다는 원칙이다.

또한 이 외에 노인의 삶을 신건희(1997)에서 살펴보면 다음과 같이
정리할 수 있다.

① 노인의 기본적 욕구: 노인복지는 노인의 기본적 욕구를 충족시
　　키고 노인문제를 예방·해결하기 위한 공공과 민간부문의 조직
　　적 활동이라고 규정할 수 있다. 그러나 이 욕구를 적절히 충족
　　시키지 못하게 되면 역기능, 혼란상태 또는 문제를 경험하게 되
　　는데 이런 상태의 개선과 회복이 필요하다고 사회적으로 인정
　　될 때 그 욕구는 사회적 욕구로 전환되고 사회적 개입대상이
　　된다.

② 노인의 사회적 욕구를 종합해 보면 다음과 같다.

　　㉠ 소득 및 경제적 안정의 욕구이다.

　　㉡ 고용 및 직업적 기회에 대한 욕구이다.

　　㉢ 안정된 주거환경에 대한 욕구이다.

　　㉣ 신체 및 건강의 유지, 자립적 생활, 치료와 요양 등 건강에 대
　　　한 욕구이다.

　　㉤ 여가 및 문화활동에 대한 욕구이다.

　　㉥ 사회적 관계의 유지와 사회참여에 대한 욕구이다.

　　㉦ 지식, 교육 및 훈련기회에 대한 욕구이다.

　　㉧ 차별, 학대 등으로부터 자유로울 수 있는 권리보장에 대한 욕
　　　구이다.

　　㉨ 인생의 통합과 죽음에 대한 대처 등과 같은 초월적 욕구 등이
　　　있다.

③ 노인이 아닌 노인문제: 노인의 개념에서 우리는 노인이 아닌 노인을 발견할 수 있다. 법적인 노인 65세 이상의 노인이 아닌 노인, 즉 55세부터 65세 사이의 법적 노인이 아닌 노인 행세를 하는 많은 노인을 볼 수가 있다. 사회로부터 일자리를 잃고 경제적인 능력이 없이 떠도는 사람, 가정으로부터 소외당해 떠도는 사람, 노인이 아님에도 불구하고 노인 행세를 하는 사람들을 흔히 볼 수 있다.

영국의 심리학자 J. E. Birren(1959)[3]은 노인의 구분을 다음과 같이 정의하고 있다.

① 생물학적 노인: 생리적 및 생물학적인 면에서 퇴화기에 있는 사람이다.

② 심리적 노인: 심리적인 면에서 정신기능과 성격이 변화되고 있는 사람이다.

③ 사회적 노인: 사회적인 면에서 지위와 역할이 상실된 사람이다.

법적 65세 이하에서 나타나는 노인의 현상, 즉 생물학적, 심리적, 사회적인 노인, 이러한 사람들을 교육하여 사회에 귀환시키는 제도가 법적으로 필요하다고 생각한다. 더욱 건강한 가정과 사회의 일환으로 국가에 미치는 경제적 파급효과도 크리라 본다.

그러나 노인의 그림자에 숨어 있는 수많은 노인이 아닌 노인들의 안정적인 생활과 사회인으로서의 귀속감과 자부심을 심어 주어야 하며, 교육, 재활, 일자리 지원 등의 프로그램 개발과 정부의 관심과 노력으로 이들을 사회의 한 구성원으로 되돌릴 수 있도록 정부가 나서

---

3) J. E. Birren: Aging Vol. 3: A Challenge to Science and Society: Behavioral Sciences and Conclusions.

야 할 것이다(55세에서 65세의 실직자−근로자 대비 34% 차지. 보건
복지부, 2006).

<표 1> 노인의 구분(분류: UN의 정의)

구 분	정 의	비 고
고령화 사회 (Aging society)	전체인구 중 65세 이상 고령인구 비율이 7~14% 사회	우리나라의 경우 2000년도에 도달
고령 사회 (Aged society)	전체인구 중 65세 이상이 14~20% 사회	우리나라의 경우 2018년도에 도달 예정
초고령 사회 (Super-aged society)	전체인구 중 65세 이상이 20% 이상인 사회	우리나라의 경우 2026년도에 도달 예정

(자료: 통계청, 2007)

UN에서는 <표 1>에서 보듯이 노인을 3가지 단계로 구분하고 있으
며 고령화, 고령, 초고령 사회로 분류하고 전체인구 중 퍼센트로 정의
를 내리고 있다. 이에 우리나라의 장래 인구노령화를 예측할 수 있으
며 이에 대한 준비가 필요할 것으로 본다.

<표 2> 각국 주요국의 인구고령화 속도   (단위: 년도)

구 분	고령화사회 (7%)	고령사회 (4%)	초고령사회 (20%)	고령사회 도달 연수	초고령사회 도달 연수
한국	2000	2018	2026	18	8
미국	1942	2014	2030	72	16
일본	1970	1994	2006	24	12
프랑스	1864	1879	2019	72	16
독일	1932	1972	2010	40	38

또한 <표 2>에서 보는 바와 같이 각국 주요국의 고령화의 속도를 예
측하고 있으며 우리나라의 속도 또한 예측해 볼 수 있다. 고령화가 빨

라지면 빨라질수록 이에 대한 국가나 정부의 대책이 시급하다고 볼 수 있다. 우리나라는 2026년도가 되면 전체인구의 20%가 노인이 되는 초고령 사회로 진입할 것이다.

제2절 노인복지의 개념

노인복지란 인간이 최소한의 인간다운 생활을 영위하면서 가족과 사회에 적응, 통합될 수 있도록 필요한 자원과 서비스를 제공하는 데 관련된 공적 및 사적 차원에서의 전문적 서비스 활동이다. 즉 신체적, 정신적, 사회적으로 행복한 노년을 보낼 수 있게끔 도와주는 활동인 것이다. 즉 개인의 자력으로 사회활동이 어려운 사람이나 자활력이 있다 하더라도 국가는 인간이 최소한의 인간다운 생활을 영위하는 데 필요한 모든 프로그램을 지원하는 것이다.

노인문제가 중요한 학문적 의의를 지니는 것은 생활수준의 향상으로 노인문제를 인식할 수 있는 여유를 갖게 되었다는 점을 들 수 있다. 지난날 경제적으로 어려웠을 당시에는 식생활 문제를 최우선적 과제로 여겼으나 경제적으로 여유를 갖게 됨에 따라 오늘날에는 복지문제에 관심을 두게 되었다. 그리고 의학과 식생활의 개선으로 평균 사망연령이 높아짐에 따라 노령인구가 증가하여 사회적으로 노인의 비중이 높아졌기 때문이다.

우리나라의 경우 급격한 도시화·산업화로 인구이동이 발생하고 핵가족화 현상으로 노인부양을 당연시하던 대가족제도가 붕괴되고 사회적으로 노인문제의 대책이 미약한 상태에서 젊은 시절부터 노후를 위한 설계를 하고 준비를 했다면 보다 편안하고 보람 있는 노후생활을 보장받을 수 있을 것이다. 국민 각자가 노후생활에 대한 준비를 하지 못했다 하더라도 국가적 차원에서의 훌륭한 복지정책이 수행된다면 염려할 것이 없을 것이다.

하지만 노인문제 해결의 열쇠를 쥐고 있는 계층이 청·장년층인데 이들이 노인문제에 대하여 무관심하거나 정부투자 순위에서 이 문제를 하위로 돌리는 한 노인문제는 해결될 수 없을 것이다. 따라서 노인문제에 대한 사회적 관심도를 넓혀야 하며 심도 깊은 연구와 실천을 통해서 노인문제를 근원적으로 해결해 나가지 않으면 안 될 것이다.

제3절 노인복지의 필요성

우리나라는 20세기 초에 비하여 평균수명이 3배나 연장되어 이제 인생 80이 보편화되는 노령화 사회를 눈앞에 두고 있다. 또한 사회구조의 급진적인 변화로 인해 여러 측면에서 서구사회에서 볼 수 있는 노령문제가 제시되고 있으며, 2050년이 되면 3명 중 1명이 노인이라고 예상하고 있을 정도이다. 이에 따라 노인문제(빈곤, 질병, 무위, 고독 및 소외 등)에 대하여 국가나 사회는 복지적인 프로그램이나 서비스를 제공할 수 있는 노인복지가 필요하다. 노인의 일반적 문제는 다음과 같다.

① 노화로 인한 신체적 능력저하: 경제적 지원 필요, 취업, 재취업

기회의 저하, 경제적 독립 불능, 질병에 의한 의료비 부담과 우
울증[4] 등에 의한 신체적 능력감소이다.

② 심리적, 사회적인 필요성: 사회에 의해 가해진 불이익에 대한
보상의미, 상호부조 세대 간 차이 의미의 보상을 의미한다.

③ 윤리적 필요성: 정부에서 노인들이 가족과 사회에 공헌한 바에
의한 보상의 의미와 노인들의 자녀에 의해 사회가 유지되어 가
는 의미에서 윤리적인 필요성이 있다고 본다.

〈표 3〉 우리나라 평균수명 추이: 통계청 노인증가 분석표

	1981	1991	2001	2002	2010	2020	2030	2050
남자	62.3	67.7	72.8	73.4	76.2	78.2	79.2	80.7
여자	70.5	75.9	80.0	80.4	82.6	84.4	85.2	86.6
계	66.2	71.7	76.5	77.0	79.1	81.0	81.9	83.3
차이	8.3	8.2	7.2	7.1	6.4	6.2	6.0	5.9

(자료: 통계청, 2006)

남녀 평균수명이 〈표 3〉에서 보는 바와 같이 80세가 넘는 장수국
가로 진입하게 되어 이에 대한 노인복지에 대한 정부차원의 심각한
필요성을 느끼고 있는 실정이다.

제4절 노인의 사회적 · 경제적 특성

노인의 사회적 특성은 장수와 풍요로운 생활로서 동서고금 모든

---

4) 우울증: 진정한 우울증은 질환이다. 우울증은 일시적으로 우울한 기분이나 개인적인 나약함이 아니며, 즉
우울증이란 신체, 기분, 사고 및 행동의 모든 면에서 나타난다.

인류의 염원이다. 과학과 의학의 발달은 노인의 평균수명을 연장하였으나 그에 걸맞은 삶의 질은 향상시키지 못하고 많은 질병, 고독, 소외의 문제를 초래하고 있다. 현대 산업사회에서 노인의 사고로 한외성(1996)에 따르면 아래와 같이 분류하였다.

① 소득상실로 인한 빈곤의 문제이다.

② 노쇠 및 신체기능 저하로 인한 건강문제이다.

③ 퇴직으로 인한 지위와 역할 상실문제이다.

④ 사회로부터의 소외와 무관심으로 인한 외로움과 서글픔의 고독 문제이다.

⑤ 삶의 보람과 희망의 상실이다.

⑥ 사회참여 기회의 상실이다.

⑦ 정보로부터의 단절이다.

⑧ 문화로부터 소외 등이 포함되고 있다.

〈표 4〉 우리나라 노인의 월평균 개인소득 수준

(단위: %)

구분	20만 원 미만	20~40만 원 미만	40~60만 원 미만	60~80만 원 미만	80~100만 원 미만	100만 원 이상	계
전국	33.3	32.0	12.1	6.8	3.6	12.3	100

(자료: 보건복지부, 2006)

노인의 경우, 신체적 노화에 따른 노동능력의 저하, 급속히 발전되어 가는 과학기술에의 적응능력 부족 및 정년퇴직 등으로 말미암아 노동시장에서 탈락하게 되고 그로 인하여 경제적인 고통뿐만 아니라 사회, 심리적으로도 어려움을 겪게 된다. 열악한 경제적 위치 <표 4>

에서 보듯이 1인 최저생계비인 40~60만 원 미만인, 즉 최저생활이 불가능한 노인이 60%를 넘고 있는 실정이다. 이에 경제적인 문제인 노인소득이 건강이나 가족 간의 갈등 혹은 소외문제보다 우선하고 있다.

제3장
국가별 노인복지정책

제1절 서방선진국의 노인복지정책

1. 영국(英國, United Kingdom of Great Britain)

1) 영국 복지정책의 발달과정

영국의 복지정책 발달과정을 살펴보면 다음과 같다.

첫째, 발달과정은 강운모(1996)에서 살펴보면 1960년대부터 1970년 대에 걸쳐 수입에 따른 국민연금제가 실시되었으며, 퇴직연금, 미망 인연금, 실업수당, 질병수당, 출산수당에 적용하고 있다. 사업의 대부 분은 노인이나 장애인을 위한 보건혜택이며 고아나 정신착란자를 도 와줄 때도 있다. 장애인에게는 생활문제를 조언하기도 하고, 전화나 텔레비전 설치, 여행이나 소풍준비를 해 주기도 한다. 직업을 위한 훈 련·교육을 실시하기도 한다. 노인대책은 자택에서 오랫동안 살 수 있도록 배려하고 있으며 식사배달, 잔심부름, 빨래 등을 해 준다. 복 지국가 영국에서 최근 심각한 문제점으로 떠오른 것이 실업과 빈곤이다.

둘째, 1970년대부터 완전고용5)이 무너지면서 1976년에는 실업자가 133만 명(5.7%)이 되었다. 이러한 가운데 생활보조수당을 받아야 하는 빈곤자는 1977년에 600만명, 그보다 20% 위인 빈곤경계선에 닿아 있는 인구는 400만 명이 되었다. 주민 5명 가운데 1명이 빈곤상태에 있게 되었다.

셋째, 1980년대에 들어서 더욱 늘어나 1983년 1월 322만 명(13.8%)에 이르렀다. 2000년 실업률은 2.1%였다가 2001년 5.1%로 높아졌다가 경제성장 지속에 힘입어 점차 줄어들 것으로 전망되며 초기 복지제도가 다음과 같이 발달하여 왔다.

(1) 베버리지 복지국가 형성

전시 연립내각에 야당인 오동당 소속의 그린우드가 사회재건장관의 책임을 맡고 있을 때 사회보험 및 관련서비스에 관한 부처 간 위원회의 위원장을 맡게 되는 이가 영국의 근대적 복지체제의 개관을 다지는 베버리지이며, 그는 1941년 당시 분리되어 제각각 발전되어 온 사회보험제도들을 행정적으로 조정하는 업무를 시작으로 영국의 복지제도는 형성하게 된다. 사회보장제도가 잘 되기 위해서는 가족수당, 포괄적 보건서비스, 완전고용의 유지라는 전제가 필요하다고 보았다.

---

5) 완전고용: 일자리 완전고용이란 첫째로, 일하고 싶은 근로대기인력에게 일자리를 보장하는 국가정책, 즉 구직자와 실망실업자의 노동시장 흡수를 목표하는 사회 비전(Vision)이다. 둘째로, 단순한 고용이 아니라, 눈높이에 맞는 안정되고 질 높은 고용상태를 보장하는 것이다.

(2) 국민보험제도

1946년 국민보험법에 그 기반을 둔 것으로 실업급여, 질병급여, 분만급여, 은퇴연금, 과부급여, 보호자 수당 및 장례비의 형태로 금전을 지급하는 광의의 의미에 국가보험제도를 규정한 것이다.

(3) 국민보조제도

1948년에 제정된 국민보조법에 의해 규정되었으며 재정적 상황이 의회에서 정해지는 기준선 이하의 실업자에게 자산조산의 방식을 통해 급여를 지급하였다. 단, 지방정부는 시설 및 지역서비스를 개발하는 역할을 담당하게 되었으며 이는 공적부조에 대한 책임을 국가로 명확히 한 것으로 볼 수 있다.

(4) 주택정책

노동당 정부는 가능한 신속하게 주택을 공급하고자 했다. 이것은 그들의 선거공약이기도 했는데, 1945년 8월 애틀리는 내각에 주택부족 문제해결에 최우선을 두었다.

(5) 복지제도화

복지국가인 영국의 사회복지제도[6]는 국민보건서비스(NHS), 사회보장제도, 개인적 사회서비스 등 3가지이다. 국민보건과 사회보장은 제2차 세계대전 중에 작성된 비버리지 보고서에 기초한 것이다. 국민보건제도는 영국에 거주하는 사람이 무료 또는 적은 부담으로 의료

---

6) 사회복지제도: 기본 5대 정책으로 주택, 교육, 의료, 복지, 소득보장 등이 포함된다.

혜택을 받는 것을 원칙으로 하고 있다.

이 제도가 시작된 1948년 이래 유아사망률이 반으로 줄었고, 결핵, 디프테리아, 소아마비로 인한 사망이 크게 줄어들었다. 지금 유료는 의약품처방, 의치 및 치과치료, 안경, 특실 입원 등이다.

2) 노인복지 정책방향

(1) 영국 노인복지의 기본방향

커뮤니티케어 개념(community care concept)의 적용 또는 탈시설화 정책의 추구라고 말할 수 있다. 즉, '노후는 자기 집에서'라는 노인정책의 기본적인 방침에 입각한 것으로 이것은 노인으로 하여금 가능한 그들이 살고 있는 주택에 그대로 머물러 생활할 수 있도록 국가나 사회가 도와줌으로써 시설수용을 가급적 억제해 보자는 데에 있다.

그러나 노인보호시설과 요양시설 운영비에 대한 정부의 지속적인 보조금의 증가는 노인복지정책의 기본방향인 탈시설화 정책에 역행하고 있다. 따라서 1993년 4월부터 이러한 체제가 전부 수정되었다. 전에는 사회보장금이 노인을 보호하는 노인보호시설로 직접 전달되었는데 사회보장금이 직접 지방정부로 이전되어 그 지역 노인이 처한 상태에 가장 알맞은 보호를 제공하는 데 쓰일 수 있게 하고 있다.

노인을 위한 주택제공, 급식제공, Home Helper 서비스, Nursing Service(요양원제도), 생활상담 등 노인의 욕구를 Residential Level에서 해결하고 있다. 따라서 영국에서는 노인복지의 중점을 주택서비스, 곧 주택정책에 두고 있음을 알 수 있다.

(2) 영국의 복지행정기구

강용구 외(2007)에 따르면 중앙정부 밑에 County라고 불리는 광역자치단체가 있고, 그 산하에 District라는 기초자치단체가 있다. 영국의 지방자치단체는 독자성이 매우 강하므로 지역마다 정책이나 행정의 내용이 크게 차이가 있다. 따라서 중앙정부는 말할 것도 없고 지방자치단체의 정책이나 행정도 어느 정당 소속의원이 지방의회의 다수파를 점하느냐에 따라 그 내용이 많이 달라진다. 노인복지와 관련된 정책이나 행정에 있어서도 예외일 수 없다. 중앙정부 내에 설치되어 있는 사회복지 관련부서로는 보건성, 사회복지성, 그리고 환경성등이 있다. 보건성은 의료보장과 사회복지 서비스부문을 담당하고, 사회복지성은 소득보장과 관련된 연금부문을, 그리고 환경성은 주택공급과 관련된 업무를 관장한다. 또는 조언하는 역할만을 수행할 뿐모든 행정의 운영주체는 지방자치단체가 하고 있다.

주 정부의 정책은 대부분 큰 테두리만을 제시하고 있으므로 지방자치단체는 이러한 정책이나 방침을 실천하고 행함에 있어서 해당지역의 특수사정에 부합되도록 별도로 세부규정을 마련하는 방법으로운영의 묘를 기하고 있다. 광역자치단체인 카운티 또는 기초자치단체인 District 등에서는 의회의 의장이 해당 자치단체장을 겸임하고 행정업무는 의회 산하기구인 각 위원회 내에 설치된 행정부서에 의해서 수행된다.

예를 들어 복지서비스와 관련된 행정은 사회서비스위원회 산하의사회서비스국이 담당하고, 주택행정은 주택위원회 산하의 주택부가담당한다. <표 5>에서는 노인복지정책의 기본구조를 참조함으로써영국에서 복지제도를 기본적으로 어떻게 운영해 나가는지를 알아볼 수 있다.

<표 5> 영국의 노인복지정책 기본구조

구분	시행정책 및 프로그램
소득 보장	① 노령연금 ② 기본생활보조금 ③ 교통, 통신 및 문화활동 비용의 할인 ④ 노인취업 프로그램
의료 보장	① 국민의료서비스(NHS) ② 지역사회보호서비스 ③ 노인전문병원과 정신병원 ④ 호스피스 서비스 ⑤ 수발자 지원 프로그램
주택 보장	① 노인홈 ② 노인보호주택 ③ 요양시설 ④ 주택개선 서비스
사회적 서비스	① 지역사회 보호서비스 ② 성인교육 ③ 저소득층 노인을 위한 무료휴가

(자료: 보건복지부, 2006)

(3) 노인생활보호법

1960년대 이전에는 주로 자선재단에 의해서 복지정책이 운영되어
왔지만 1960년대 이후에 와서는 국가연금으로 기본적인 재정문제를
해결하고 입주자들은 최소한의 임대료를 지불하고 있다. <표 6>에서
보는 바와 같이 영국은 이미 1940년대에 국민보험법에 의한 저소득
층에게 여러 면에서 복지제도를 실시하였다. 특히 영국에서는 노인보
호주택(Sheltered Housing)이 가난한 노인들을 위한 공적인 임무에만
충실한 것이 아니라 노인들을 위한 특수주택을 다양한 소득계층자들
이 선택할 수 있도록 하고 있다.

영국에서는 12세기 초기에 가난한 노인들을 위하여 부자들이나 교회에서 건물주택복지라는 개념이 도입되면서 정부는 모든 사람들에게 편안하게 살 수 있는 주택을 마련해 주는 것이 중요한 것으로 인식하기 시작하였다. 그래서 각 지방자치단체에서는 앞장서서 공공주택을 건설하였고, 또한 공공주택으로 노인보호주택이 중요한 부분을 차지하게 되었다.

〈표 6〉 급여율 표 – 1946년 초기 국민보험 및 국가보조 급여율

명칭	주당 급여수준
실업 급여	1파운드 30펜스(30주 지급)
질병 급여	1파운드 30펜스
분만 보조금	4파운드 / 1회
은퇴 연금	1파운드 30펜스
과부 급여	1파운드 30펜스
분만 급여	1파운드7) 30펜스
보호자 수당	60펜스
장례비	20파운드 / 1회
가족 수당	25펜스

(자료: 한국복지정책연구소, 1996)

3) 고령자 고용지원정책

(1) 고용주의 인식변화

영국은 최근 고용에서 연령을 다양화하자는 슬로건 아래 '뉴딜 50 플러스'라는 프로그램을 운용하고 있다. 이 프로그램은 일자리를 찾

---

7) 1파운드=1,900원 / 1펜스=190원(2009): 1946년도의 1파운드는 지금의 100만 원에 가까운 가치로 추정된다.

는 50세 이상 고령자들의 직업훈련과 임금보조금제도를 연계한 것이다. 1970년대 중반 보수당 집권 이후 영국에서는 신자유주의적인 경제정책과 시장친화적인 복지정책을 실시한다. 예를 들어 복지분야에도 시장메커니즘을 도입하여, 서비스 제공자 간의 경쟁을 활성화하고, 개인주의 및 개인선택을 강조하며, 국가는 최소수준의 서비스만을 제공하고자 한다. 전통적으로 시장의 원리를 중요시해 왔던 영국에서는 고령자 노동시장의 문제를 해결하기 위해서도 인위적인 정책을 시행하여 시장에 직접적으로 개입하기보다는 시장참여자들의 자발적인 변화, 즉 고령자 고용을 기피하는 고용주들의 인식과 태도를 바꾸는 것이 더 효과적이라고 판단하는 경향이 크다고 할 수 있다.

1990년대 초까지 영국정부는 고용주의 고령근로자에 대한 잘못된 인식을 바로잡고자 고용주를 대상으로 설득과 권고를 위한 '홍보 캠페인'을 주로 실시하였다. 따라서 영국에서는 고령화가 가져올 사회경제적 영향에 대해서 보다 적극적인 관심을 가지기 시작한 이후에도, 고령근로자의 고용문제를 고용주의 연령차별과 인식의 문제차원에서 다루고자 하는 성향이 강했다고 할 수 있다.

1997년 노동당 정부가 출범하면서 연령차별을 법으로 금지하는 방안이 검토되고 있으며, 이러한 법제정 시도도 유럽연합의 연령차별금지 법제정 권고에 호응하는 차원에서 이루어지고 있는 실정이다. 한편 생산적 복지 차원에서 적극적 노동시장정책의 일환으로 고령자를 위한 뉴딜정책이 시행되면서 고령자의 고용을 촉진하기 위하여 성인학습과 계속교육 등의 직업교육훈련 및 취업알선 서비스 강화 등 보다 적극적인 방안이 실시되고 있다.

(2) 고용지원 방향

영국 대기업의 전문적인 분야에서는 조기퇴직의 후유증을 극복하고 은퇴를 앞둔 사람들의 경험과 지식을 젊은 세대에게 전수하기 위한 노력이 활발하게 이뤄지고 있다. 영국 전화번호 안내업체 '더 넘버 118-118'은 최근 선정소감을 이같이 밝혔다. '연령 챔피언(Age Champion)'[8] 인사담당자 Davi peer 씨는 "최근 정년퇴직한 형사가 새로 입사했는데 1주일의 훈련만으로 능숙하게 업무에 적응해 모두의 감탄을 자아냈다"며 "50세 이상의 근로자들은 대부분 유능하고 헌신적"이라고 소개했다.

'연령 챔피언'은 영국정부의 '연령차별 없애기 캠페인(Age Positive)'의 일부로 고용 승진 등에서 연령의 장벽을 없애고 고령자 고용을 활성화하는 기업이나 기관을 선정해 표창한다. 현재 B&Q, Wal-mart의 회사인 ASDA, TESCO 등 유명 유통업체를 비롯해 은행, 대학 등 100여 개의 챔피언 사례가 등록돼 있다. 이들은 하나같이 고객과의 친밀한 관계, 낮은 이직률, 성실성, 팀 내 융화력 등을 고령근로자의 장점으로 꼽았다.

4) 노인건강보장 및 지원정책

최근 영국 정부의 노인을 위한 지역사회 보호서비스의 강조에도 불구하고 노인홈은 <표 7>에서 보듯이 지난 1980년에서 1989년 동안 빠른 속도로 증가하였으며 정부보다는 민간단체의 활동이 두드러지게 많은 성장을 보이고 있다.

---

8) AGE Champion: '연령 챔피언'은 영국 정부의 '연령차별 없애기 캠페인(Age Positive)'의 일부로 고용 승진 등에서 연령의 장벽을 없애고 고령자 고용을 활성화하는 기업이나 기관을 선정해 표창하는 제도이다.

<표 7> 영국의 노인홈의 변화율

(1993년도 대비 1994년도 변화율)

구 분	65세 이상 입주자	75세 이상 입주자	85세 이상 입주자
지방정부 노인홈	-7	+10	+22
자선단체 노인홈	+1	-6	+22
민간단체 노인홈	+286	+98	+333
전체	+48	+68	+97

(자료: 노인문제연구소, 1995)

(1) 요양시설

요양시설은 1980년대에 들어와서 빠른 속도로 증가하기 시작하였다. 1988년 영국에는 3,263개의 일반 요양시설이 있었는데, 이 수치는 1987년 수치의 22%가 증가한 수치이며 동 기간 동안 요양시설의 침상 수는 45%가 증가하였다. 이처럼 많은 노인들의 욕구에 따라 가정에서 보다는 요양시설에서 노후를 즐기려는 노인이 많다고 볼 수 있다.

(2) 노인전문병원과 정신병원

정신적으로 문제가 있는 노인에게 지속적인 보호와 재활서비스를 제공하는 노인전문병원과 정신병원 운영에 관한 많은 부분은 정부가 책임지고 있다. 노인에게 제공되는 보호시설과 요양시설 서비스를 위한 비용은 정부가 책임지고 있는 것이다. 노인들로 하여금 지역사회에서 제공하는 서비스를 받게 함으로써 노인보호시설에 가지 않고 지역사회에 남아 생활할 수 있도록 하는 것이다. 이러한 목적을 달성하기 위해서 재가보호서비스, 주간탁로소[9], 식사배달서비스, 지역요양과 주간병원 서비스를 제공하고 있으며 이 외에도 이동식 주간병

---

9) 주간 탁로소: 오전 9시부터 오후 5시까지 노인들은 돌봐주는 탁아소 형태의 영국 복지시설이다.

원과 주간센터 서비스를 제공하고 있다. 박재간(1995)에 따르면 공공
복지시설을 다음과 같이 분류했다.

① 재가복지 서비스: 영국의 재가노인 복지서비스는 사회적 서비
스(Social Work Service)와 가정봉사원 파견서비스가 있는데 문
제를 지닌 노인 당사자 또는 그 가족에 대해서 문제해결을 위
한 상담과 사전평가 등을 행하는 서비스이다.

② 1945년의 가족수당법: 1946년의 국민보험법, 1948년의 구민법의
폐지와 국민부조법 그리고 국민보건서비스법의 실시 등이 이에
포함된다.

③ 5대 사회복지정책 부분: 주택, 교육, 보건의료서비스, 사회복지
서비스, 소득보장 등이 포함되었다. 노쇠 현상의 심화 등으로
인해서 자력으로는 일상생활을 해 나가기 곤란한 노인들을 대
상으로 가사지원 또는 신체적 수발 등을 해주는 서비스를 말한
다. 중앙정부는 1972년에 가사지원 서비스의 기준을 정한 가이
드라인을 설정한 바 있는데 그 기준에 의하면 다음과 같이 정리
할 수 있다.

㉠ 서비스 종사자의 배치는 인구 10만 명당 150인, 그리고 65세
이상 노인 1천 명당 12인을 배치한다.

㉡ 서비스 종사자의 근로조건은 1일 5시간, 주당 5일간 근무한
다. 그리고 종사자에 대한 근무수당은 서비스를 받는 노인들
개인이 부담하는 것을 원칙으로 하지만 본인부담의 능력이
없는 노인들에게는 그 비용의 일부 또는 전부를 지방자치단
체가 보조하는 것으로 되어 있다.

㉢ 현재 재가서비스를 받고 있는 노인 중 38.0% 내외는 서비스

이용의 일부 또는 전부를 지방비보조에 의존하고 있다. 영국에는 현재 재가노인 복지서비스 분야에서 일하고 있는 종업원 수가 63만 명 내외인데 앞으로 10년 후에는 약 30만 명의 인원이 더 보충되어야 할 것으로 전망하고 있다. 재가노인 복지사업의 유형으로는 가사지원 서비스, 신체수발 서비스, 주간휴식 서비스, 배식 서비스, 신체보조기구 대여 서비스 등이 있다.

2. 미국(美國, United States of America)

1) 미국 복지정책의 발달과정

미국 복지정책의 발달과정(원영희, 1996)을 살펴보면 다음과 같은 발달과정을 알 수 있다.

(1) 식민지 시대(1776년 이전)

도시에 빈궁자의 증가에 의해 공공구빈원에 의한 원내구호(in-door relief)가 Boston, New-York 등에 구빈원이 설치되었으며, 1735년에 설립된 N. Y. 시립구빈원은 나태한 방랑자에 대한 징계측면과 근로시설로서의 작업장 적 측면을 함께 지니는 혼합형 작업장으로 발달되었다.

(2) 자본주의 성립기(1777~1860년)

미국의 독립혁명은 정치적인 독립뿐 아니라 경제적·사회적 변혁을 가져온 시민혁명으로, 19세기의 미국을 이끈 정신이다. 개인의 성취와 자립을 강조하는 '개인주의'로, 개인주의는 공적 및 교회나 정부의 권위로부터 개인의 가족, 이웃, 직장 등과 같은 사적인 부문이 초기 발달하기 시작하였다.

(3) 자유방임주의와 자선조직협회의 시대(1860~1900년)

이 시기에는 자유방임주의의 바탕 자선조직협회가 발달하여 자선적인 활동이 많았다.

(4) 진보와 개혁의 시대(1900~1930년)

사회복지의 면에서 보면 빈곤에 대한 새로운 진보적 개념의 형성 의미로 이 시대 사회개혁을 주도한 것은 '인보관운동'이다.

(5) 대공황과 뉴딜시대(1930~1940년)

1929년 세계대공황[10]은 노동자의 생존권의 국가복지가 일거에 붕괴시켰으며 1935년 미국의 루즈벨트 사회보장법에 의거하여 자본가들에게 고용주 부담을 수용할 것을 촉구하였다.

(6) 안정과 번영의 시대(1940~1960년)

1940년에서 1960년에 이르는 기간은 경제적인 번영과 안정으로 빈곤 문제가 잊힌 시기이다. 그러나 빈곤은 존재하고 있으나 보이지 않았다.

---

10) 세계대공황: 1929년도 시작, 현 금융시장의 세계화는 1973년에 브레튼우즈 체제가 붕괴되면서 본격화되기 시작하였다. 제2차 세계대전 이후, 승전국을 중심으로 국제금융시장의 안정을 도모하기 위하여 미국 브레튼 우즈에서 IMF를 설립하고, 금본위제도와 고정환율제도 그리고 국가 간 자본이동을 금지하기로 하였다. 그러나 1970년대에 접어들면서, 국제경제 환경이 급속히 변화함에 따라 고정환율제도가 변동환율제도로 변화하는 등 당시 합의된 내용이 붕괴되면서 금융시장의 세계화가 급속히 진전되기 시작하였으며, 인터넷 등 통신기술의 혁신과 신자유주의의 팽배로 더욱 가속화되었다.

(7) 빈곤의 재발견과 '대빈곤 전쟁'의 시대(1961～1975년)

1960년대의 '대빈곤 전쟁'이 1930년대의 '뉴딜'과 다른 점은 1960년대는 1930년대와는 달리 경제적으로 매우 호황을 누리고 있던 시기였다는 것이다.

(8) 신보수주의의 시대(1975년 이후)

1900년대 초반에 미국 사회복지의 사상적인 배경이 되었던 자유주의와 이념적인 기초를 같이하는 신보수주의가 미국의 지배적인 이데올로기로 등장하였으며, 1980년에서 1990년대의 사회사업으로 레이건 대통령(Ronald Reagon)의 복지정책은 사회복지 프로그램에 대한 정부 지출감소로 비대화 혐오가 발생되었다.

국민들은 복지수혜자를 싫어하고 이들을 '사기꾼', '무임승차자'로 간주, 요보호 아동가족 부조 등 요보호자를 위한 사회복지 프로그램 비용으로 수십억 달러의 예산을 1900년대 삭감하였으며, 이 결과 미국의 대통령선거 결과 44대 대통령으로 민주당 버락 오바마가 당선되었다. 미증유의 금융위기, 경제위기가 불러온 정권교체였기 때문이다. 여기에는 피부색도, 당파도 그렇게 중요한 것이 아니었다. 무한경쟁, 약육강식의 자본주의에서 다른 세상으로의 '변화'는 가능하다는 것을 미 국민은 보여 주었다.

(9) 사회보장법은 1935년 제정

사회보장법 제정 이래 60년이 넘게 전개된 것으로 빈곤하거나 빈곤하지 않은 미국인들에 의해 받게 되는 기본구조의 공적 현금지원의 거의 대부분을 차지한다. <표 8>에서 보듯이 특히 사회보장[11] 서비스를 많이 시행 중이며, 특히 사회보장법은 두 가지 형태의 소득지원을 제공한다. 첫 번째는 사회보험제도로 노령 유족 및 장애보험과 실업보험으로, 이 제도는 전의 소득과 인두세 기여금을 기초로 해서 급여를 지급한다. 두 번째는 공공부조제도로 노인, 맹인, 장애인 그리고 부양아동이 있는 가족들을 위한 제도로, 이 제도는 단지 요구에 기초해서 소득지원을 제공한다.

〈표 8〉 미국의 노인복지정책 기본구조

구 분	시행정책 및 프로그램
소득 보장	① 노령 및 유족 보험(Old-Age, Survivors Insurance) ② 보충보장소득(Supplemental Security Income) ③ 사적연금(Private Pension) ④ 노인취업 프로그램
의료 보장	① 의료보호(Medicare) ② 의료부조(Medicaid) ③ 민간의료보험
주택 보장	① 주택서비스 ② 요양시설(Nursing home)
사회적 서비스	① 가정보호 서비스 ② 주간보호 프로그램 ③ 급식서비스 ④ 정보문의 서비스 ⑤ 사례관리 서비스 ⑥ 자원봉사 프로그램(예: RSVP, FGP, SCP) ⑦ 대학의 노인교육 프로그램 ⑧ 법률 서비스 및 장기치료 옴부즈맨 프로그램 ⑨ 교통지원서비스

(자료: 보건복지부, 2006)

---

11) 사회보장법: 미국은 사회복지를 위해 1935년 복지법을 처음으로 제정하여 현재까지 시행 중이다.

2) 노인복지 정책방향

미국의 노인소득보장제도는 사회보장 제도하의 노령, 유족, 장애연금 및 보충보장소득이 근간을 이루고 있다. 또한 사적연금이 노년기 소득보장과 밀접하게 관련되어 있다. 이 외에도 노년기 경제활동 및 유급 자원봉사활동으로 참여확대가 노년기 소득보장과 관련된 사회적 참여를 유도한다는 점에서 중요하다고 할 수 있다. 연금제도를 황성철(1999)에서 살펴보면 다음과 같다.

(1) 노령, 유족, 장애연금(Age, Survivors, Disability Insurance)

OASDI는 미국에서 가장 규모가 큰 연방 차원의 소득이전에 관한 프로그램으로 보통 사회보장이라고 일컬어진다. 수급자격은 최소 10년 이상 노동을 해서 임금에 대한 일정률의 공제를 통해 사회보장세를 납부해야 한다. 2000년 저소득층 노인의 월평균 급여액은 그들의 퇴직 전 임금의 58%에 달했고 고소득자의 경우 이의 반에도 못 미치는 24.5%에 불과했는데 전체적으로 사회보장 급여액은 평균 퇴직 이전 수입의 40%를 약간 상회하는 수준이었다. 2000년 평균 3,120만 명의 퇴직자와 그들의 가족이 사회보장급여를 받았고 2001년의 경우 그 수가 약 3,190만 명으로 증가했다. 급여의 종류에는 퇴직연금, 장애연금, 가족연금, 유족연금이 있다.

(2) 보충보장소득(Supplementary Security Income: SSI)

노인소득보장과 관련된 공적부조제도 보충보장소득이 대표적이다. 수혜자는 자산조사를 통과한 사람에 한정된다. 65세 이상의 저소득 노인들과 시각장애인 및 신체장애인들에게 현금 혜택을 주는 프로그램이다. 이 혜택은 연방정부에서 제공하며, 사회보장청을 통해 지급된다. SSI를 받기 위해서는 아래의 요건 중 적어도 한 가지에 해당되어야 한다. 65세 이상인 자, 시각장애인, (SSI) 기준에 해당하는 장애인, 정신적 · 신체적 장애로 12개월 이상 일을 못 하거나 또는 사망을 초래할 수 있다고 주 정부에서 의사에 의해 확인되어야 한다.

(3) 사적연금

공적연금 형태의 사회보장 급여는 노후 소득보장에 상당한 기여를 하고 있지만, 혜택이 퇴직 이전의 소득을 완전히 대체하는 것은 아니다. 따라서 미국에서는 노후의 적절한 생활을 유지하도록 하기 위해서 사적연금을 퇴직자 소득보장법, 퇴직형평법, 세금개혁법 등에 기초를 두고 운영되고 있다. 미국의 노인소득보장제[12]는 사회보험 형식인 노령, 유족, 장애연금(OASDI), 보충보장소득(SSI)제도 등의 공적연금이 있으며 퇴직 전 소득의 약 40% 정도를 담당하고 있어 노년기 소득보장을 완전히 보장하는 것은 아니지만 사적연금이 이를 보완하고 있다.

3) 고령자 고용지원정책

미국에서의 고령자 활용에 대한 프로그램은 종류가 매우 다양하다. 보건교육복지성 산하기구인 ACTION에서 하는 프로그램과 노동성에서 행하는 프로그램이 대표적이다. ACTION 프로그램 중에는 RSVP

---

12) 노인소득보장제도: 사회보장 제도하의 노령, 유족, 장애연금 및 보충보장소득이 주목적이다.

(Retired Senior Volunteer Program)[13]가 있는데 이 프로그램에 참가하고 있는 노인은 약 20여만 명에 달하고 있다.

(1) 경제활동 기회의 제공

미국은 노인인력을 국가인력개발정책에 있어서 주요 대상으로 인식하고 노인들의 경험과 능력에 대한 사회적 활용에 관심을 갖고 개발에 힘써 왔다. 이러한 정책의 일환으로 고용상 연령차별금지법, 고령노동자 이익보호법, 직업훈련교육법 등을 제정하여 이와 관련된 프로그램을 실시하고 있으며, 특히 노인복지법에 근거하여 고령자 지역사회 서비스 고용 프로그램이 대표적이다. 한국개발연구원, KDI(2005)의 보고에 따르면 고용상 연령차별금지법(Age Discrimination in Employment Act: ADEA) 제정 당시 40세 이상 65세 이하의 근로자에 대한 강제퇴직 규정을 금지했고, 1978년 법 개정 당시 의무퇴직 연령을 70세로 상향조정했으며, 1986년 법 개정 시 의무퇴직 연령을 일부 특수직종(경찰 및 소방업무)을 제외하고 아예 없애 버려 연령상의 이유로 강제적인 퇴직을 할 수 없도록 금지했다.

고령노동자 이익보호법(Older Workers Benefit Protection Act: OWBPA)은 고령노동자들이 경제활동에 있어서 이익을 보호하고 고령자의 노동참여 저하현상을 억제하기 위해 1990년에 제정되었다. 이 법의 제정 이유는 연령에 의한 고용차별금지법이 실행되었음에도 불구하고 실제상황에서는 여전히 65세를 전후로 퇴직이 이뤄지고 있다는 상황에 대한 인식 때문이다. 직업관련협력법(Job Training Partnership Act:

---

13) RSVP: 고령자 활동 프로그램 중 RSVP 원어는 사전에 참석 여부를 알려 달라는 뜻이다.

JTPA)은 포괄적인 고용과 훈련에 대한 기본법을 대치하는 법으로 1982년에 재정되었다. 55세 이상 실업자 및 저소득층 노인 등 노동시장에 불리한 위치에 있는 이들에게 생활비의 일부지원과 다양한 직업훈련을 제공하고, 교육 후 적당한 직장에 배치시키는 것을 규정하고 있고, 주 정부가 훈련을 위한 재정의 3%를 고령노동자들을 위해 사용해야 한다는 규정을 담고 있다.

(2) 관련 프로그램

여러 가지 프로그램이 있지만 윤규정(2003)에 따르면 다음과 같은 프로그램이 활성화되어 있다.

① 노인봉사단 프로그램(Senior Serving Program: SSP)

미국의 공공부문 자원봉사 지원체계로는 국가 및 지역사회 봉사단이 미 국민들의 자원봉사 참여를 유도하고 있다. 이의 하부조직으로 America Corps 배움과 봉사 등과 함께 전국노인봉사단이 있다. 이들은 지난 30년 이상 45만 명 이상의 노인들이 지역사회에서 자원봉사를 할 수 있도록 연계했다.

② 양조부모 프로그램(Foster Grandparents Program: FGP)

1965년 국가시범사업으로 시작되어 지역사회 노인들이 도움이 필요한 아동들을 위해 대인서비스를 하는 유급 자원봉사 활동이다.

③ 노인동료 프로그램(Senior Companion Program: SCP)

55세 이상 저소득층 노인에게 지역사회의 욕구를 충족시키기 위해 자원봉사 서비스 기회를 제공하며 자원봉사자 자신의 삶을 향유시키기 위한 경험을 제공하는 목적을 달성하기 위한 것이다.

④ 녹색 손길 프로그램(Green Sum Program: GSP)

Green Sum은 미국에서 가장 오래되고 큰 중고령노동자를 위한 교육 및 훈련, 고용을 제공하는 기관으로 고령자뿐 아니라 장애인, 저소득근로자들의 취업을 목적으로 직업기술, 강의실 훈련, 현장훈련 등 다양한 직업훈련을 전개한다.

〈표 9〉 미국의 직업재활 관련법률의 변화

1917	smith-hughes법: 최초의 직업재활관련법, 연방정부 차원에서 각 지방정부가 직업훈련과 직업보도 프로그램을 개발하여 실시하도록 지원
1918	제1차 세계대전에 의해 발생한 상이군인들의 직업재활을 위한 군인재활법
1930	산업재활법 제정: 산업활동에서 장애를 입은 자를 위한 것으로 지체장애인의 직업재활 서비스를 제공하도록 규정
1945	사회보장법에 직업재활 조항 포함. 그러나 장애의 원인이 노동이 아닌 장애인은 보호받지 못함.
1956	randolph-sheppard법 제정: 직업재활과 고용의 중요성 강조, 연방정부가 우선적 장애인 고용에 대한 원조를 해 주도록 규정
1968	wagner-o'day법 제정: 맹인보호 작업장을 지원하여 여기서 생산된 상품을 우선적으로 구입, 공공기관이 솔선수범할 것을 명시
1973	barden-lafollete법 제정: 직업재활의 대상에 최초로 정신지체장애인 포함
1983	직업재활법을 재활법으로 바꿈: 중증장애인에게 우선적으로 재활서비스

(자료: The U. S. Census Bureau, 2000)

1960년대 벌써 연령차별 금지를 별도로 규제해 왔으며 직업재활은 〈표 9〉에서 보듯이 미국은 이미 1917년도에 시작하여 많은 재활법을 개정 및 보장하여 고령자 고용의 문제를 해결해 나가고 있으며, 특히 '차별금지' 방향에서 접근하는 법제를 가진 미국은 원칙적으로 '고용률'

과 같은 인위적 인원할당이나 행정지도에 관심을 두지 않는다. 이보다는 인력의 수요, 공급 원리에 의한 채용 및 인원조정의 결정이 바람직하고 효과적이라는 전제 아래 그러한 채용이나 인원조정의 장에서 공정한 경쟁이 이뤄질 수 있도록 질서형성 기능에 초점을 맞추고 있다.

4) 노인건강보장 및 지원정책

노인의 건강에 대한 지원정책을 살펴보면 다음과 같이 정리할 수 있다.

(1) 의료보호(Medicare)

의료보호는 65세 이상 노인의 병원 및 의료비용을 보장하기 위해 시작되었다. 의료보호의 급여는 Part A와 Part B의 두 가지 형태로 구분되어 있는데, A의 경우 단기적인 입원치료를 제공하는 병원보험이고 B는 외래 및 보충적인 의료서비스를 제공하는 보충적 의료보험이다.

먼저 병원보험은 사회보장세를 낸 65세 이상 노인은 누구나 혜택을 받을 수 있고, 현재 미국 노인의 98%가 적용을 받고 있다. 급여내용으로는 입원서비스, 퇴원 후 서비스, 가정건강보호서비스, 호스피스 간호 등으로 의료보호에서 소요경비 중 일정부분을 부담한다. 하지만 대부분의 노인이 직면하는 의료비 부담을 지불하거나 월 보험료, 병원공제액, 공동지불금, 보충적 의료보험료 등 많은 비용이 여전히 수혜자의 부담으로 남아 있다. 따라서 매년 자산조사를 통해 자격제한적인 의료보호수혜 프로그램과 특정 저소득 의료보험수혜, 자격제한적인 개별 프로그램이 실시되고 있다. 보충적 의료보험은 선택적 프로그램을 희망하는 자에 한해 보험을 구입한다.

(2) 의료부조(Medicaid)

의료부조제도는 주로 부양아동가정 부조나 보충보장소득과 같은 공적부조 수혜자들에게 의료보호를 제공한다. 적용·대상자는 생계의 유지는 가능하나 의료비를 충당하기에는 소득과 자산이 충분하지 않은 빈곤계층을 대상으로 하고 있다. 의료부조 서비스에는 입원서비스, 외래서비스, 의사처치료, 치과진단 및 수술료, 가정건강보호서비스, 가족계획서비스, 농촌지역의 보건의료서비스, 병리 및 방사선 검사료, 모자보건서비스[14] 등이 포함된다.

노인에 대한 적절한 소득, 건강, 안락한 주택, 건강회복 서비스, 명예로운 퇴직, 의미 있는 사회적 활동, 그리고 지역사회로부터 효율적인 서비스를 받을 수 있도록 보장함과 동시에, 노인들로 하여금 자신이 삶에 대한 계획을 세우거나 일상생활에서 야기되는 문제들을 처리할 수 있는 자유 등을 보장하는 한편, 이를 위한 재정적 지원을 규정하고 있다. 그리고 노인문제에 관한 연구의 결과가 즉시 노인복지정책에 반영되어 직접적으로 노인에게 혜택을 줄 수 있도록 명시하고 있다. 이를 실행하기 위한 정보 및 재정원조를 규정하고 노인들의 서비스를 담당하는 자문기관이 다음과 같이 설치되어 있다.

① 연방노인청(Administration on Aging: AoA)
② 주정부노인국(State Units on Aging: SUAs)
③ 지역노인기관(Area Agencies on Aging: AAAs)

---

14) 모자보건법: 임산부의 생명과 건강을 보호하고 건전한 자녀의 출산과 양육을 도모하기 위한 사업이다. 1952년 세계보건기구(WHO)의 모자보건전문분과위원회에서는 건강상태에서 정상분만을 하도록 하며, 건강한 아기를 분만하여 육아의 기술을 배우고 적절한 수태조절로 가정생활의 향상을 도모하기 위한 사업이라 하였다. 모자보건은 그 대상이 광범위하고, 예방사업이며, 성패여부가 그 지역사회 평가의 척도가 된다는 점 등에서 중요성을 찾을 수 있다. 이 사업은 보건복지부에서 담당하고 있다.

많은 경제학자들은 1930년대 Roosevelt[15] 정부가 추진했던 뉴딜정책[16] 같은 것을 주문하고 있다. 당장에 한미 FTA[17] 같은 가혹한 자유무역정책이나 무모한 군사적 패권주의[18]는 지양되어야 할 것이다. 이번 경제위기의 진원지인 Wall street의 금융자본, 투기자본에 대한 규제는 필수불가결한 것이다.

그리고 정책의 방향이 노동자와 서민을 위한 주거와 의료, 복지를 향하게 될 것이다. 부자를 위한 감세가 아니라 증세를 통한 사회복지를 확충하여야 할 것이다.

3. 캐나다(Canada)

1) 캐나다 노인정책의 발달과정

Canada의 노인복지정책 발달과정을 살펴보면 다음과 같다.

캐나다는 모든 국민들에 대해 기본적인 보수율을 보장하는 사회보장제도를 창조해 왔다. 제2차 세계대전 이후의 캐나다의 보건, 복지, 교육프로그램은 모든 캐나다인에게 건강보호, 욕구에 기초한 소득보장, 고등교육 이수를 위한 교육기회에의 자유로운 접근 등을 보장하고 있다. 그러나 이러한 서비스는 21세기를 맞이하면서 2,500억 달러의 부채를 지게 될 것으로 추정되고 있다.

---

15) Franklin D,[1882~1945: 미국의 제32대 대통령(1933~1945)].

16) 뉴딜정책: 미국 제32대 대통령 F. D. 루스벨트의 지도 아래 대공황(大恐慌) 극복을 위하여 추진하였던 제반정책이다.

17) FTA: 국가 간 자유협정무역(non-quota 제도를 말함).

18) 패권주의(覇權主義)란, 권력을 이용해 세계를 지배하려는 제국주의적 사고방식을 비난하려는 의도로 자주 쓰이는 용어이다.

현재 보수파 정부는 국민들의 반대에도 불구하고 많은 분야의 비용 절감을 시도하고 있다. 연방정부는 보편적인 가족수당과 아동 한 명당 어머니에게 제공되는 소득보장 연금의 제공을 중지시켰다. 그리고 보건, 복지, 교육제도에까지 변화를 가져올 것이라는 우려를 낳고 있다.

모선희(2001)의 자료에 따르면 영구의 발달과정은 다음과 같다.

① 1941년대: 캐나다에서 최초로 시행된 실업보험법은 고전경제학의 실패를 의미하며 노동력도 신발과 사과 같은 상품의 하나로 수요공급원칙에 의거 임금이 높고 낮음에 따라 공급이 이루어지는 것으로 파악되었으나 1930년대 말 대공황 이후 임금이 떨어져도 노동수요는 늘지 않았다는 점을 파악해 보험제도를 개발해 갔다.

② 1945년대: 역사적인 맥락에서 논의되며 자비, 상호부조, 사회적 연대감, 지역사회 의식, 이 복지국가가 등장하였으며 이후 많은 복지산업이 활발하게 시작되었다.

③ 1970년대: 복지사업들이 급격하게 줄어들고 국민들은 복지사업을 원하고 지지했지만 대부분의 언론, 주 정부, 연방야당은 집단적인 책임보다 개인주의의 자기이익을 강하게 선호하기 시작하였다.

④ 1970년대 이후: 언론들은 건전재정, 적자축소, 정부지출 삭감을 주장하여 복지예산을 줄였으며 이런 경향은 세계화에 국제경쟁력을 위하여 불가피하다고 주장하였다.

⑤ 1973년도: 이스라엘-이란 간의 전쟁으로 세계유가가 급등함에 따라 전후 노사 간 합의를 지속하게 만들었던 경제성장이 캐나다에서 멈추게 되었음을 알게 되었다 갑자기 경제규모가 더 이상 커질 수 없게 되자 지금까지의 win-win 상황이 zero-sum game

으로 바뀌게 되었다.

⑥ 1976년도: Quebec 주 연방에서 분리하자는 Quebec당이 집권을
하자 Trudeau가 이끄는 연방자유당은 Quebec 사람들이 선호하는
식으로 연방제도를 수정하고 나서므로 지방 우선순위에 따라 주
정부가 주의 사회복지사업을 개발할 수 있도록 하였다.
또한 주 정부에 재정을 이전하는 과세권을 이양하여 연방정부의
사업권한이 축소되고 공적부조(CAP), 사업재정지원, 보건사회
이전과 같은 연방-주 정부 간 사회보건서비스 조치들은 재정이
전과 과세권을 다루어 복지향상에 기여하기 시작하였다.

⑦ 1984년도: 캐나다는 재정정책보다 금융정책으로 대응하기 시작
하여 이자율을 올려 경제축소와 더불어 많은 실업자 발생 및 구
매력 약화와 인플레가 약화되기도 하였다. 그러나 높은 이자율
을 활용하여 복지국가에 대한 프로그램이 보호되었으며, 부분
적 삭감은 있었지만 사회복지의 더 이상 축소는 없었다.

⑧ 1990년대: 정부의 사회적 지출이 오직 개인들이 자신의 돈을 자신이 원하
는 대로 쓸 권리를 부정할 뿐이라는 미국에서 나타난 견해에 따라 정부
비판도 점차적으로 증가하였고, 이러한 조류에 의하여 2000년 선거 전에
대량적인 감세조치가 이루어지게 된다.

⑨ 1995년: Paul Martin 재무부장관은 공적부조와 사업재정지원을 보
건사회 이전에 통합시켜 하나의 연방재정이 전 계정으로 만들어
매년 주 지원예산을 60~70억 달러를 삭감하여 복지프로그램에
많은 악영향을 주기도 하였다. 이에 교육, 보건, 복지 분야의 서
비스가 축소되기도 하였다.

⑩ 1998년: 연방정부의 재정적자는 일부 해소되었으나 주 정부에

이전되는 연방예산을 삭감한 것으로 보험료 인하 없이 단행한 고용보험 수급자격의 강화로 발생한 막대한 고용보험 잉여금에 기여하기도 했다.

(1) 캐나다 사회복지정책의 쟁점

정부는 제도보호비용을 통제하고 줄이고자 하는 대답을 찾는 연구에 많은 노력을 집중하고 있다. 프로그램 지출비를 건강교육과 예방 프로그램으로 이동시키는 프로그램으로 변화, 병원예산 감축(서비스 감축과 병원의 폐쇄 초래, 이처럼 감소추세와 건강보호 체계의 대대적인 재구성 시도) 등이 정부의 문제점이자 개선해야 할 방안으로 대두되고 있다.

(2) 미래를 위한 고려사항

① 계층 간에 합의를 이루고 있는 것이 사회 내의 어떤 집단에 대해서는 연간수입을 보장해 주는 것이 매우 현명하다는 것이다.
② 이해 부족한 부분은 노동의 개념과 근무지에서 책임과 관련된다는 것이다.
③ 미래의 경향은 정부가 정부의 책임으로 한때 고려했었던 프로그램에 대한 책임을 사기업에 이전하려는 점이다.
④ 건강보호 영역에서의 중요한 시도로는 프로그램 계획이 예방적 프로그램으로 옮겨 간다는 것이다.

(3) 캐나다 4대 사회보장제도

장애인보장, 의료보장, 노인연금, 교육보장이다. 장애인은 무조건

잘 살아갈 수 있도록 되어 있고, 교육은 18세까지는 의무적으로 무상이다. 18세 이상이 되면 스스로 학비를 벌면서 독립을 하고 결혼을 하게 되면 집과 자동차 구입을 위해 융자를 얻어 매달 갚아 나간다. 의료무상에 65세 노인이 되면 기본보장 플러스 자신이 젊었을 때 부었던 연금을 받아 안락한 노후를 보낼 수 있도록 한다.

대신 젊은 사람들이 일을 하지 않으면 굶도록 하는데, 18세 미만 자녀가 있을 경우 정부에서 지원하는 아동수당만으로도 가족이 연명할 수는 있는 정부의 지원책이 마련되어 있다.

2) 노인복지 정책방향

(1) 노인복지정책

1990년대 이후 많은 발전을 한 것이 사실이다. 경제협력개발기구(OECD) 통계에 따르면 캐나다의 공공사회분야 재정지출은 1989년 국내총생산(GDP)의 17.5%이던 것이 1995년 20.2%까지 확대됐다가 2001년 17.3%, 2002년 17.8%로 축소됐다. 그러나 캐나다의 사회복지분야의 재정지출 축소를 초래한 것은 북미자유무역협정(NAFTA)[19] 때문이 아니라 FTA[20] 추진 훨씬 이전인 1970년대 이래 누적된 국가재정적자 때문이다. 1968년부터 1984년까지 집권한 자유당의 Trudeaux 총리는 유럽식 복지국가를 표방하며 사회보장분야에서 정부지출을 대폭

---

19) NAFTA: NAFTA(North American Free Trade Agreement) 북미 자유무역협정은 미국, 캐나다, 멕시코 등 북미 3개국 간의 자유무역지대를 결성한 것으로 1994년 1월 정식으로 출범한 인구 3억 6천만, 총 GDP 6조 2천억 달러 규모인 경제블록으로 EU와 유사한 규모의 경제블록이다.

20) FTA: 자유무역협정(Free Trade Agreement)의 영문 앞자리를 딴 줄임말로 국가 간 관세장벽을 낮춰 상품 무역을 자유화시키는 협정이다.

확대했던 것이 재정적자 문제를 초래했다.

1990년대 초 캐나다는 GDP[21] 대비 누적재정적자 비율이 54.7%에 달할 정도로 심각한 수준이었다.

재정적자를 메우기 위해 계속해서 외채를 끌어다 쓸 것인지 아니면 재원확보를 위한 세제개편과 재정지출 구조조정을 할 것인지 양단의 결정을 내려야 했다. 근원적인 해결방법은 세제개편과 지출 구조조정이었지만, 이는 곧 세 부담 확대로 연결되기 때문에 정치권은 문제해결에 소극적이었다.

그러나 Martin Brian Mulroney 총리(1984~1993년)는 재정적자 문제를 풀기 위해 우리나라의 부가가치세에 해당하는 연방부가세(Goods and Sales Tax)를 도입하는 등 증세정책을 통해 해결을 시도했다. 물론 전 국민에게 추가부담을 안기는 세금을 신설하는 것은 정치적으로 큰 부담이었지만 재정적자 문제를 해소하기 위해서는 불가피한 선택이었다.

증세+긴축으로 재정건전성을 되찾아 나갔으나 그럼에도 캐나다의 재정적자는 쉽게 줄지 않았다. 이러한 상황에서 Mulroney[22] 총리의 뒤를 이은 Chretien 총리의 자유당 정부는 집권 전 증세에 대한 강한 반대입장을 철회하고 기존의 증세정책을 유지하는 동시에 강력한 긴축정책을 추진했다. 사회복지 재정정책 전환 끝에 마침내 1998년 이후 국가재정이 흑자로 돌아서 오늘날 캐나다는 OECD 회원국 중 재정건전성이 가장 좋은 국가로 다시 태어나게 되었다.

---

21) GDP: Gross Domestic Product 일정기간 동안 한 국가에서 생산된 재화와 용역의 시장가치를 합한 것을 뜻한다.

22) Mulroney: 베이코모 출생. 1976년까지 변호사로 활약하였고, 1984년과 1988년 총선거에서 진보보수당이 자유당을 누르고 압도적으로 승리함으로써 두 차례 총리를 지냈다.

〈표 10〉 캐나다 노인인구 증가추세

(단위: 천 명, %)

구 분	2001	2006	2011	2016	2021	2026
계	31,002	32,229	33,362	34,420	35,382	36,191
0~14	5,819 (18.8)	5,527 (17.1)	5,246 (15.7)	5,241 (15.2)	5,334 (15.1)	5,382 (14.9)
15~64	21,248 (68.5)	22,400 (69.6)	23,269 (69.8)	23,477 (68.2)	23,378 (66.0)	23,056 (63.7)
65+	3,935 (12.7)	4,302 (13.3)	4,847 (14.5)	5,702 (16.6)	6,670 (18.9)	7,753 (21.4)

(자료: 캐나다대사관 연령구조, 2002)

캐나다 역시 노령인구도 상기 <표 10>에서 보듯이 급속도로 늘어나고 있으며, 2026년도에는 노인인구가 21%대를 넘어설 예정이다. 미미한 복지재정정책 변화가 나프타 때문이라는 주장에 대해 Carleton 대학교 무역정책과 William Dimond 교수는 "Mulroney 정부가 재정정책을 개혁했던 것은 나프타나 FTA와는 별개의 문제로 지난 20년간 누적된 재정적자에서 기인했다"며 "FTA 시점이 재정개혁과 시기적으로 우연히 겹쳤을 뿐"이라고 설명했다. 한편, 현 캐나다 정부는 재정적자 문제가 해소됨에 따라 연방부가세(GST) 세율을 현 7%에서 6%로 낮추고 향후 5년 이내 5%까지 2% 포인트 인하키로 했다. 캐나다의 재정정책과는 다른 문제이지만 최근 캐나다에 홈리스[23]가 증가한 원인에 대해서도 현지에서 확인할 수 있었다.

한국의 한 보도에서는 Vancouver의 홈리스 수가 최근 3년간 200% 증가했다고 주장한 바 있다. 실제 캐나다의 홈리스가 최근 몇 년간 증가한 것은 사실이지만 실제 홈리스 수는 2002년 1,121명에서 2005

---

23) 홈리스: 홈(home), 즉 집이 리스(less) 없다는 뜻으로, 집 없이 떠도는 사람을 일컫는 말이다.

년 2,174명 수준으로 94% 늘어난 것이다(자료: Homeless count 2005 by social planning & research council of BC).

노숙자들의 통계수치가 류공순(1996)에 따르면 Franclodabuski(Carleton University) 교수(홈리스 연구전문)는 여러 가지라서 어떤 것을 신뢰하기가 어렵지만 증가추세는 확실하다며 "캐나다에서는 노숙자[24] 문제를 국가적 위기상황으로 다뤄져야 한다고 제기됐고 국립노숙자구호기관을 설립하는 등 정부대책이 추진됐다"고 Franclodabuski 교수가 설명했다고 밝혔다. 노숙자의 증가원인이 복합적으로 나타나고 있다고 보고 이에 대한 노인복지정책에 대한 강구와 정부의 재정지원을 한층 강화해야 할 것이라고 발표했다.

(2) 주택 및 교육정책

주택정책은 1954년에 제정된 국가주택법의 규정을 따른 것으로 주택을 신규공급하고, 기존주택을 보수·개량하고 생활환경을 개선하는 데 목표를 두고 있다. 왕립기관인 중앙저당주택회사가 연방정부의 주택사업을 조정하고 있다. 이 회사의 활동 가운데는 담보융자, 주택소유자와 세입자를 위한 융자, 수질·토양오염 방지, 공공주택의 건설, 도시재개발 등이 포함된다.

강운모(1996)의 자료에 따르면 캐나다 국민 중에서 문맹자 비율은 1% 이하이다. 의무교육 연령은 6~16세이다. 교육비 지출은 국민총생산(GNP)의 7.2%에 달하고, 정부예산 중 교육예산은 총예산의 15.4%에 해당한다(1990). 헌법 조항에 따라 공공교육에 관한 것은 주

---

24) 노숙자: 일정한 거처 없이 거리나 시장 주변, 지하도, 역사, 쉼터 등에서 생활하며 도움을 필요로 하는 사람, 또 현재 도움을 받고 있는 사람을 말한다.

정부가 책임지고 있다. 그러나 유콘 및 노스웨스트 준주의 학교와 캐나다 전국의 원주민 교육, 교도소 재소자의 교육, 군인 및 군인가족의 교육, 사관학교에 관한 것은 연방정부가 맡고 있다. 연방정부는 이 밖에도 직업훈련학교와 대학교의 재정을 지원하고 있다.

(3) 노인복지시스템

의료잡지인 '열린 의료(Open Medicine)'의 조사에 의하면 캐나다의 의료서비스는 미국의 같은 서비스에 비해 절반의 비용으로 충분한 것으로 나타났다. 편집상의 시각차이로 인해 캐나다 의료잡지협회를 탈퇴한 사람들에 의해 발간되고 있는 '열린 의료'지는 최근 창간호를 통해 캐나다와 미국의 환자들을 대상으로 실시한 38개의 연구를 근거로 하여 이러한 조사결과를 발표한 것이다. 이번 조사결과에 의하면, 미국인들은 의료비로 1인당 평균 7,129달러를 쓰고 있는 반면에, 캐나다인들은 2,956달러를 소비하는 것으로 나타났다.

대부분의 연구결과들이 암이나 심장마비 등과 같은 심혈관 질환으로 인한 사망률이 캐나다가 미국보다 훨씬 낮은 것으로 조사됐다. 이러한 연구결과를 발표한 대표 저자인 Deboru(Mac Master University) 박사는, 최근 미국과 같은 사설 의료시스템을 도입해야 한다는 주장이 제기되고 있지만 이러한 연구결과는 그러한 움직임에 의문점을 제기하고 있다고 주장했다.

그러나 Deboru 박사는 장시간의 대기시간 등과 같은 공공의료제도의 단점에 대한 보완은 반드시 이뤄져야 할 것이라고 강조했다.

(4) 복지재원의 구성

캐나다는 사회복지제도가 발달되어 있으며, 이에 소요되는 모든 재원은 주로 각종 세금으로 조달하고 있고, 세금부과 차원에 따라 연방세(소득세,[25] 판매세, 관세), 주세(소득세, 증여세, 상속세), 시세, 그리고 Ottawa에서만 적용되는 수도세 등 4가지로 분류하고 있다(성규탁(1997)에 따르면).

① 연방세: GST는 연방(중앙)정부에서 부과하는 세금으로 부가가치세(VAT)[26]와 비슷하다. 일종의 소비세로 물건구입 시나 서비스, 용역 등에서 일률적으로 7%가 세금으로 부과된다.

② 지방세: 일종의 판매세로 4~12%의 판매세가 지방에 따라 차등적으로 부과된다. 이 세금은 식사나 숙박요금에도 부과된다.

③ 소득세: 부과대상 기준은 소득세를 납부해야 할 의무가 있는 기본조건은 시민권자뿐만 아니라 거주자(Resident)도 포함되며 법원판례상 다음 기준에 해당하면 거주자로 분류된다. 거주자는 반드시 소득세를 납부해야 한다.

　㉠ 캐나다에 가족이 거주하고 있는 경우이다.

　㉡ 혹은 현재 집을 가지고 있거나 자주 방문하는 집이 있는 경우이다.

　㉢ 주 정부의 의료보험이 있는 경우이다.

　㉣ 캐나다에 이민 왔을 경우이다.

　㉤ 캐나다와 사회적·전문적 또는 경제적으로 깊은 관계가 있

---

25) 소득세: 소득세의 부과·징수에 관한 법률. 1967년 11월 29일 법률 제1966호로 제정된 후 1974년 12월 법률 제2705호로 전면적인 종합소득세제로 개편되었다. 그 후 1994년 12월 22일 다시 법률 제4803호로 전문 개정되었다. 총칙, 거주자의 종합소득·퇴직소득 및 산림소득에 대한 납세의무, 거주자의 양도소득에 대한 납세의무, 비거주자의 납세의무, 원천징수 등 5장으로 나뉜 전문 172조와 부칙 및 보칙으로 되어 있다.

26) 부가가치세: 생산 및 유통과정의 각 단계에서 창출되는 부가가치에 대하여 부과되는 조세이다.

는 경우이다.

㉡ 캐나다 소득세법에 의거 1년 중 183일 이상을 캐나다에서 거주한 자이다.

㉢ 소득세 신고자 등이다.

④ 세금공제: 기본공제 C\$6,456, 배우자 공제 C\$5,380, 노년부가공제 C\$3,482, 불구자 공제 C\$4,233 등이 있다. <표 11>에서 보듯이 저소득자에게는 세금감율을 고소득자에게는 많은 세금을 부과함으로 사회지출비 재원마련과 사회보장제도에 있어서 많은 일을 할수 있게 되었다.

〈표 11〉 캐나다 소득세율

연간 과세대상소득	세 율	연간 과세대상소득	세 율
C\$7,000까지	0%	C\$50,000∼C\$60,000	28%
C\$7,000∼C\$10,000	9%	C\$60,000∼C\$70,000	31%
C\$10,000∼C\$15,000	15%	C\$70,000∼C\$80,000	34%
C\$15,000∼C\$20,000	17%	C\$80,000∼C\$90,000	37%
C\$20,000∼C\$25,000	19%	C\$90,000∼C\$100,000	40%
C\$20,000∼C\$25,000	19%	C\$90,000∼C\$100,000	40%
C\$25,000∼C\$30,000	21%	C\$100,000∼C\$150,000	45%
C\$30,000∼C\$35,000	23%	C\$150,000∼C\$200,000	49%
C\$35,000∼C\$50,	25%	C\$200,000 이상	50%

(자료: Canada 통계청, 1997 eva, corp)

3) 고령자 고용지원정책

1977년 캐나다는 기회의 평등과 차별로부터의 해방을 목적으로 하는 캐나다 인권법(CHRA)을 제정하였다. 인권법의 제1조는 "모든 개인들이 인종, 출신국가 또는 출신민족, 피부색, 종교, 연령, 성별, 성적 지향, 혼인관계, 가족관계, 장애, 기록이 삭제된 전과 등 11가지 차별사유에 기초한 차별적 관행에 의하여 방해받거나 제약받음이 없이 사회의 구성원으로서 자신의 의무와 책임과 부합하여 소유할 수 있거나 자신의 필요를 충족시킬 수 있거나 충족시키고 싶은 삶을 영위하는 기회를 다른 개인들과 평등하게 가져야만 한다"고 밝히고 있다. 고용지원정책에 대해 다음과 같이 3가지로 정리해 보았다.

(1) 차별적 관행

차별적 관행을 강용구 외(2007)에서 살펴보면 다음과 같이 11가지로 구분하고 있다.

① 통상적으로 공중이 사용할 수 있는 재화, 용역, 편의 또는 시설의 제공을 거부하거나 다른 사람에 비하여 불리한 차이를 두는 것이다.

② 업무용 부동산이나 시설의 제공을 거부하거나 다른 사람에 비하여 불리한 차이를 두는 것이다.

③ 고용이나 고용유지를 거부하거나 다른 사람에 비하여 불리한 차이를 두는 것으로 금지된 차별사유에 기초한 지원서의 사용 및배포, 채용공고 또는 서면이나 구두질문이다.

④ 근로자 단체가입의 금지, 근로자 단체가입자의 해고나 정직, 근로자 단체가입자 또는 집단적 의결에 대한 단체의 의무에 대하여 개인의 고용기회를 박탈하거나 제안하거나 불리한 영향을 미치는 방식의 제한 등이 있다.

⑤ 금지된 차별사유에 따라 개인 또는 일정한 집단의 개인들로부터 고용기회를 박탈하거나 박탈하는 경향이 있는 정책이나 관행의 수립 또는 추구 및 그러한 모집, 구직자 보내기, 채용, 승진, 교육,견습생

훈련, 전보, 기타 고용관련문제에 영향을 주는 계약의 체결 이다.

⑥ 동일한 가치의 노동을 수행하는 동일 사업장에서 남성과 여성 간에 임금 차이의 부여 및 유지이다.

⑦ 차별이나 차별의도를 표현하거나 내포하는 또는 다른 사람으로 하여금 차별을 자극하거나 자극할 것으로 예측되는 표시, 기호, 상징, 문장, 기타 묘사를 공중에 출판하거나 상영하는 것 또는 출판이나 상영을 유발하는 것이다.

⑧ 금지된 차별사유에 따라 누구인지를 확인할 수 있는 사실을 가지고 증오나 증상을 일으키는 문제를 전화로 반복적으로 보내거나 받도록 하는 것 또는 컴퓨터나 인터넷을 이용하여 그런 문제에 관하여 통신하는 것이다.

⑨ 금지된 차별사유에 따라 통상적으로 공중이 사용할 수 있는 재화, 용역, 편의시설의 제공이나 업무용 부동산, 주거시설의 제공이다.

⑩ 고령화 자문위원회(National Advisory Council on Aging)는 1980년 5월 1일에 캐나다 국민의 고령화와 노인들의 삶의 질에 관한 문제에 대하여 보건부장관을 돕고 자문하기 위하여 설치되었다. 동위원회는 노인들의 욕구와 문제검토, 대응책 권고, 관련 기관과 단체간 연락, 고령화관련 공공토론의 장려, 출판과 정보의 전파 등 업무를 맡고 있다. 위원회는 고령화관련 전문가로 19명 이내로 구성되며 위원의 임기는 2~3년(1회 중임)이다.

⑪ 기초 노령임금[27])으로 모든 노인 65세 이상이 되면 영주권자 이상이면 누구든지 부부 1인당 현재 900불이 나온다. 정확하게 생

---

27) 기초노령연금: 노인 만 65세 이상이 되면 정부에서 지급하는 최저생계비이다.

일날을 기준으로 나오고, 아파트세가 비싸면 정부 노인아파트
로 자신의 연금 나오는 금액에 맞추어 옮길 수 있다. 그래서 노
인들이 편하게 살 수 있게 되어 있다.

(2) 최근 부각되고 있는 새로운 도전
최근 캐나다에서 부각되고 있는 문제점은 다음과 같다.
① 한외성(1996)에 따르면 고령화로 인한 노동력 증가둔화: 1975~
2000년간 55%의 증가를 보이고 2000~2025년간은 11% 증가에 그
칠 것으로 전망되며 베이비붐[28] 은퇴 현재 인구증가의 60%는 이
주 노동력이 차지하고 있다.

이는 이주자(67.1%), 고령자는 전체의(57.9%), 청년, 장애인 등
(46.4%) 및 저학력자(고졸 미만: 62.5%) 고용률은 상대적으로 매우
낮은 실정이며, 고령자들의 노동시장참여율을 높이는 것이 캐나다
의 고용률 증진의 열쇠로 생각하고 있다.

② 고용전략과 캐나다의 정책대응.

1994년 최초 작성된 OECD 고용전략은 실업률 감소, 노동시장
성과 제고에 초점을 두었으며 그동안 나름대로의 성과를 거두
었다.

그러나 고령화, 노동력 증가둔화, 기술(출산율 저하)진보 등은
정책 포커스의 이동을 요구, 새 고용전략은 노동시장 참여를 막
는 장애요인을 제거하고 기술변화 및 세계화에 대한 탄력적 대
응을 촉진하고자 노인노동력의 능력증진에 초점을 두고 있다.

---

28) 베이비붐: 딩크족. 일본에서는 1948년 전후로 출생률이 높아져 베이비붐 세대를 이루는 시기였다.

<표 12> 캐나다의 연령별 노동시장 참여율

구분	실업기간별/ 연령대별 실업자 비율				고용률	노동시장 참여율
	4주 미만	5~6주	27~51주	52주 이상		
25~44세	35.0	48.2	7.2	9.6	81.8	87.1
45~54세	30.6	45.9	8.2	15.3	80.3	84.7
55~64세	27.4	44.4	9.3	18.9	54.8	57.9

(자료: 노동력 통계, Statistics Canada, 2003)

(3) 고령자의 노동시장 참여촉진

노동시장 참여율이 <표 12>에서 보듯이 고령자로 갈수록 현저하게 줄어들고 있어 이에 대한 Canada 정부의 많은 부처의 정책들을 검토·시행하고 있으며 다음과 같다(OECD, 2006, 노동청).

① 고령자의 노동시장 참여가 많이 늘어났으나, 대부분 시간제 근로 고령자들의 많은 참여에 따라 고령자 수요에 부응한 훈련을 통해 제공자들의 고용력을 높이고, 노동시장 참여로 연계시키는 접근이 필요하다.

② 65세 이후 퇴직 시 매년 5% 증액 급부 Quebec주는 8.4% 증액을 검토 및 이와 관련된 일부 주는 강제퇴직제도폐지, 그리고 Ontario 주 등은 아직도 강제퇴직이 존재하고 있다.

③ 연금수령 이후의 근로소득에 연금이 가산되지 않는 것은 물론, 일정 연령 이후 인하된 임금으로 일하거나 시간제로 일할 경우 연금에 불리한 현행 제도가 조기퇴직을 유도한다는 비판도 존재하고 있다.

④ 탄력적 근로제도(flexible work arrangement)를 설계할 필요도 있고 또한 시간제 근무도 활성화가 필요하다고 생각하고 있다.

⑤ 고령자의 노동시장 참여를 높이기 위한 제도적 접근방법으로

새로운 형태의 근로환경[탄력적 근로시간 배치, 일자리 나누기 (job-sharing), 시로, 원격근로(tele-working)[29]] 등이 가져오는 비용과 편익정보를 제공일의 배정과 그 요건을 재조정함으로써 고령자의 지속근로를 유도 고령자의 산업안전보건제도를 배려하고 있다.

〈표 13〉 OECD 고용정책권고 2006

OECD의 정책권고(2006 캐나다 경제검토회의)
○ 복지의 덫을 탈피하고, 적극적 노동시장 정책을 개선
- 중앙과 지방 간 정책연계 강화
- 현행 ALMP를 엄격히 평가, 비효율적 프로그램은 폐지, 맞춤식 서비스 제공
○ 취약계층 및 고령자의 고용률 제고
- 외국인, 빈곤아동 및 가정에 대한 지원 및 훈련을 내실화(바우처[30] 등 기 배정 프로그램 활용)
○ 조기 교·보육에 대한 접근성을 강화
- 특히, 저소득 가정의 보육을 지원하기 위한 제도 재설계 필요
○ 고령자의 퇴직시기를 늦추기 위한 정책적 접근
- 특히 다양한 근로형태를 가능하면서 전체 소득 면에서 중립적인 연금제도 설계

⑥ 양질의 교육훈련을 고령자 지원하기 위한 제도도입, 특정직업과 분석의 기술 외국인의 자격인정 과정을 보다 공정하고 투명하게 구축 이를 위해 외국자격인증원(Foreign Credential Recognition Agency)신설을 추진 중이다.

또한 기술수요를 분석 기술부족 분야를 도출한 후, 정부와 교육기관이 협력하여 이를 교과과정에 반영하여 기술의 최신화(upgrade)

---

29) TELEWORKING: 정보통신기술을 활용하여 근무시간의 일정부분을 전통적인 사무실 이외의 장소에서 업무 진행하는 것을 말한다.

30) 바우처제도: 직업훈련 대상자에게 정부가 지불을 보증하는 전표인 바우처를 지급하여 직업훈련을 받도록 하는 제도. 훈련생은 훈련기관과 과정을 선택할 수 있도록 하고 정부는 훈련비용을 정산해주게 되어 있다. 훈련수요자에게 훈련과정에 대한 선택권을 부여하여 훈련생이 자기 책임으로 적극적으로 참여할 수 있도록 유인하는 효과가 있다. 또 훈련생 모집을 위한 훈련기관 간 경쟁을 유도하여 훈련서비스의 질을 높일 수 있다.

및 작업장 교육훈련을 증진, 고령자를 위한 능력개발프로그램(독해, 연산 등 기본능력 포함)은 빈곤탈출을 돕는 유용한 수단(고용으로 유도)으로 인식 되어가고 있다.

이를 위해 파트타임 훈련, 원격훈련(ICT 활용) 등 탄력적 훈련 Program을 짜는 것이 중요하다고 OECD 평가보고서 <표 13>에서 고용정책 권고를 바탕으로 효과적 전달체계의 편리함을 깨닫고 노력하고 있다.

4) 노인건강보장 및 지원정책

(1) 노인복지 지원체계

캐나다는 자료(한국노인문제연구소, 2007)에 따르면 각자 의회와 행정부(수상: the premier)를 가지고 있는 10개주(province)와 3개의 준주(territory)로 구성된 연방제 국가이다. 기본적으로 캐나다의 노인복지 행정체계는 연방정부나 주 정부 모두 여러 기관에 나누어져 있으며, 주 정부가 주로 책임을 지고 있다.

소득보장의 경우, 연방에서 관장하는 연금제도의 영향으로 연방정부의 사회개발부에서 노인을 포함한 전 국민의 소득보장 업무를 책임지고 있다. 건강보장의 경우, 연방정부의 보건부에서 건강보장정책을 책임지고 있으나 실제적으로 캐나다 주민의 건강보장은 건강보험을 각자 운영하는 주 정부에 그 책임이 있다. 연방보건부 내에 고령화 및 노인과(Division of Aging and Seniors, Population Health Directorate, Health Canada)가 있으나 정책개발, 조사연구 및 정보전파 등 정부가 노력함에도 불구하고 아직도 한정된 역할에 머물러 있다.

(2) 보건의료제도의 발전과정

캐나다의 보건의료제도는 1867년 연방정부 성립 후부터 제도가 형성되었다. 연방성립 근거법인 British North America Act(BNA)은 복지조치에 대한 언급이 없었다. 이에 따라, 극빈자 구호와 보건문제는 주 정부의 책임이 되었고 현재까지 보건의료에 대하여 연방정부는 재정지원을 하고 주 정부가 주민에 대한 건강보장 책임을 지고 있다.

BNA는 검역소와 해군병원이 군인과 퇴역군인을 관할하도록 하여 현재까지 연방정부는 제대군인, 원주민, 군인, 죄수 등 특정그룹에 대하여 직접 의료서비스 제공을 책임지고 있다. 산업재해보상법(1851~1928년)으로 많은 주에서 치료, 극빈근로자 외래진료, 결핵, 성병치료 등 공공의료를 제공하였다. 한편, 지역사회의료에 Community Care Grey Nuns(1838년 설립), the Victorian Order of Nurses(1898년 설립) 등과 같은 민간단체 지역사회의료가 중요한 역할을 하였다.

1950년 이후 경제부흥과 함께 많은 병원들이 건립되고 병원이 의료의 중심적인 역할을 담당하게 되었다. 이러한 배경하에 1957년 전 국민에게 병원입원 치료와 진단에 대한 의료보험 적용을 내용으로 하는 병원의료보험법(Hospital Insurance and Diagnostic Services Act)이 제정되었고 1961년까지 모든 주와 준주가 동 프로그램에 동의하였다.

1968년 연방정부와 주 정부가 의료서비스 비용을 50:50으로 부담하는 내용의 의료관리법(Medical Care Act: 1966년 제정)을 시행하면서 외래진료도 보험적용을 받게 되었다. 1972년에 이르러 모든 주와 준주가 연방정부의 50% 재정분담에 참여하고 입원진료 이외에 외래진료 서비스 제공을 포함하는 보험제도가 전국적으로 도입되었다.

1977년에 연방정부는 균등지원에서 인구규모, GNP[31] 세금재원의 지방이전정도 등을 고려하여 각주에 차등지원(block funding approach)으로 변경하였으며, 이로써 장기요양치료에 대한 연방정부의 지원이 시작되었다. 이는 주 정부의 요양시설[32] 건설과 재가치료지원 프로그램 개발을 촉진시키는 계기가 되었다.

1984년에는 현행 캐나다 노인건강보험제도의 근간이 되는 캐나다 보건법(Canada Health Act)이 제정되었는데 이는 1957년 병원의료보험법과 1966년 의료관리법을 통합한 것이었다. 동법에는 건강보험의 5대 원칙인 공공관리(public adminstration) 서비스의 포괄성(comprehensiveness), 적용의 보편성(unversity), 이동에 따른 서비스 제공(portability) 및 접근성(accessibility)이 천명되었다. 아울러, 의사가 주에서 설정한 진료비를 초과하여 청구하는 경우 벌칙을 도입하였으며, 동시에 병원진료에 대하여 사용자 부담금(user fee)을 받지 못하도록 벌칙을 도입되었다.

1980년대 말까지 외래와 입원진료를 커버하는 전 국민 의료보장이 실시되었으나 각 주별로 재가치료, 노인 주간치료, 정신보건, 요양소 등에 대한 서비스에 차이가 있게 되었다. 1990년대에 들어와 행위별 수가제와 민간공급에 의존하여 외래진료와 병원이용이 급증하면서 의료비가 급증하여 의료에 대한 불만이 제기되었다. 이에 따라, 의료의 질(효율성과 효과성), 의료조직 및 의료전달체계 등에 관심이 증가하였다.

(3) 캐나다 노인건강보험제도의 기본원칙

1984년 제정된 캐나다 보건법(the Canada Health Act)은 각 주 정부

---

31) GNP: 우리나라 사람들의 생산총소득을 말하며 총 국민으로 나누면 일인당 국민소득이 되는 자료이다.
32) 요양시설: 치매·중풍 등 노인성 질병으로 수발을 필요로 하는 노인에게 입소보호 및 재가보호서비스를 제공하는 복합시설. 국가가 노인부양을 분담하는 시설이다.

에서 운영하는 건강보험에 대하여 5가지 원칙을 제시하고 있다.

① 공공관리(public administration)는 주 정부의 건강보험은 공공기관에 의하여 비영리 목적으로 관리·운영되어야 하는 것을 말한다.

② 서비스의 포괄성(comprehensiveness)은 주 정부의 건강보험이 연방정부의 재정지원을 받으려면 보험에 포함된 병원이나 의사에 의하여 제공되는 모든 서비스를 포함하여야 하는 것을 말한다.

③ 적용의 보편성(university)은 각 주의 플랜이 전 주민에게 동일한 조건과 상태로 서비스를 제공하는 것을 말한다. 다만, 새로운 입국자, 이민자, 그리고 외국에서 입국한 캐나다인에 대하여 3월 이내의 대기기간을 둘 수 있다.

④ 이동에 따른 서비스 제공(portability)은 주민에게 사업이나 여행을 이유로 일정기간 다른 주나 국외로 여행할 때에도 보험을 적용하는 것을 말한다.

⑤ 접근성(accessibility)은 플랜은 병원과 의사에게 합리적으로 접근할수 있어야 하며, 보험적용 서비스에 대하여는 소득수준, 연령 및 건강상태에 따른 차별과 이용자 부담비용이나 여타 비용부담으로 직접·간접적으로 그 접근에 방해를 받지 않아야 하는 것을 말하고 있다.

〈표 14〉 미국과 캐나다의 보건의료 비교

구분	제도특징	적용인구	관리비용	일인당 의료비
미국	시장중심 의료	84%	25%	$4,270(13.6%/GDP)
캐나다	정부중심 공공의료	100%	1%	$2,250(9.3%/GDP)

(자료: 보건복지부, 1998년)

캐나다는 위와 같이 시장중심 의료제도를 가지고 있는 미국보다 적은 관리비용과 의료비를 지출하며 전체 국민에게 의료보장을 제공하고 있다. <표 14>에서 미국과 캐나다의 보건의료 차이를 비교를 보면 캐나다의 관리비가 현저하게 낮음을 볼 수 있고, 1998년 현재 캐나다는 GDP의 9.3%를 의료비로 지출하는 반면, 미국은 GDP의 13.6%를 지출하고 있다(OECD 국가 평균: 8~10%: 노동청, 1998).

(4) 최근 노인보건의료 동향과 그 개혁

최근 들어 캐나다 정부는 세계화, 높은 이자율, 기업투자 감소 등에 따라 재정지출을 삭감하고 부채를 지불하여 재정적자를 해소해 오고 있다. 자유당 정부의 출범 이후 정책방향의 시장지향으로 정부권한은 축소되고 있으며, 증가하는 의료비에 대한 주 정부지원이 핵심사안으로 대두되었다.

병원의 이익추구가 심화되어 외래환자 수술증가, 간호인력 감축, 입원환자의 재원일수 감축, 통원과 외래치료가 증가하고 있으며 재가치료(home care)와 함께 재활치료, 처방의약품, 간호치료, 보호치료 등 건강보험이 적용되지 않는 분야도 증가하고 있다. 현재 재가치료는 일부 주 정부의 적극적인 관심으로 비영리, 영리공급자 담당에서 지방공공당국의 참여로 3자 경쟁체제로 발전하고 있다. 박재간(1997)에 따르면 캐나다의 보건의료비 중 국민이 직접 부담하는 비율이 2000년의 경우 30.2%로 과거보다 점점 증가되고 있다(75년: 23.6%, 90년: 25.4%). 동 연도 국민의 사적부담비율이 미국은 53.6%이며, 영국은 15.4%로 나타났다.

① BC주의 보건의료제도

BC주는 보건의료의 분권화(지역화: regionalization) 추진으로 대부분 보건의료 서비스의 전달과 운영책임이 주 보건부(the Ministry of Health Services)에서 지역보건위원회, 지역사회보건위원회 그리고 지역사회보건서비스단체(Community Health Services Societies; health authorities)에 위임이 되었으며 대부분의 보건서비스가 지역보건당국에 의하여 관리 Services, 주 보건부는 공 재원으로 운영되는 보건의료제도, 최종적인 의과책임을 가지고 있다.

건강보험(Medical Services Plan: MSP), 타 지역진료 여행사업(Travel Assistance Program), 의약품 의료보험(Pharmacare), 주 응급구조사업(B. C. Ambulance Service) 등은 주 정부에서 직접 관장하며 각 지역보건당국이 법령, 규칙, 정책, 기준, 그리고 주 보건부에서 설정한 기타 요구사항을 준수하도록 하고 있다.

현재 캐나다 보건의료의 최대 현안은 건강정부의 책임성과 제도의 지속가능성을 확보하는 것이다. 노인복지시설을 확충해 나가고 있으나 <표 15>에서 살펴보면 특히 지원서비스 사업자, 즉 민간단체가 크게 확대되고 있음을 볼 수 있다. 근래의 제도개혁은 노인보호의 부담을 공공재원[33])에서 가족과 개인에게 전가하는 방향으로 전개되고 있으며, 노인인구, 공중보건, 재가치료, 만성질환 관리, 정신보건 분야의 중요성에 대하여 충분한 제도적 뒷받침이 아직 미흡한 실정이다.

---

33) 공공재원: 공공재원 가운데 일반예산과 사회보장성 조세에 대한 상대적 의존도는 국가에 따라 차이가 있다. 정부의 일반예산이나 사회보장성 조세의 규모가 크면 클수록 사회보장정책에 사용할 수 있는 재원은 커져 사회복지정책은 발달하는 경향을 보인다.

<표 15> BC주 노인복지시설 및 사업자 현황

(2003년 9월, 단위: 개소)

구분	합계	독립생활 지원	보건지원 주거	장기요양 입소시설	알츠하이머 시설	호스피스 사업자	보건서비스 사업자	지원서비스 사업자
합계	978	92	82	368	7	196	95	138
Fraser	289	52	33	109	2	44	22	27
Burnaby	44	6	5	18	1	7	4	3
W Rock	20	5	6	6	−	2	−	1
Interior	204	5	8	88		51	19	33
Vancouver	184	14	22	65	3	36	18	26
Victoria	116	9	16	26	1	14	10	10
Northern	56	−	−	15	−	19	8	14

(자료: 통계청, 2004)

② 건강보험제도(Medical Services Plan: MSP)

BC주[34])의 건강보험제도(MSP)는 BC 주민에게 기본적인 의료를 제공하고 있으며, 새로 전입한 주민은 전입한 달과 그다음 2개월이 지나야 보험적용이 이루어진다. 보험적용 범위는 병원 입원진료와 외래진료 서비스로 내과의와 외과의에 의하여 의학적으로 요구되는 서비스, 의학적으로 요구되어 병원에서 이루어지는 치과수술과 구강수술, 그리고 BC주에서 이루어진 척추지압사(chiropractor), 족병치료사(podiatrist) 및 물리치료사(physical therapist)의 서비스 비용의 일부이다.

③ 건강보험의 재원

보험료 수입과 연방정부 지원금으로 충당된다. BC 주민은 건강보험 가입신청을 하여야 하며, 매월 일정액의 보험료(2004년 5월 현재: 1인 $54, 2인 가족 $96, 3인 이상 가족 $108)를 지불하여야 한다. BC

---

34) BC주: BC주는 캐나다의 서남부 즉 캐나다 태평양 연안에 있는 주로 캐나다 면적의 10%에 해당되는 면적을 갖고 있으며 산림면적은 약 6,100만ha로서 캐나다에서 퀘벡 주 다음으로 넓은 면적이다.

주에서 1년 이상 거주하고 저소득인 캐나다 시민권자나 영주권35)자는 보험료의 감면(20~100%)을 신청할 수 있으며, 학생과 노인은 당연 감면대상자가 아니며 일반인과 마찬가지로 저소득자인 경우 신청을 하여야 감면을 받을 수 있다. 원주민(Indian)은 신청한 경우 연방정부가 대신 보험료를 납부한다. 보험가입자에게는 건강보험카드(Care Card)를 발급하여 준다. 카드는 신용카드 크기와 동일하며 앞면에는 personal health number(10자리 숫자), 이름, 생년월일과 유효기간이 있으며 뒷면에는 전자인식 자기테이프, 본인서명란 그리고 주의사항이 있다. 주 정부는 65세 이상인 자에게 자동으로 노인용 건강보험카드 (gold care card)를 발급하고 있다. 동 카드를 의사진료 시는 물론 처방약 구입 시 사용하며, 카드를 제시하면 버스, 극장, 이발 등의 요금을 할인받는다.

④ 노인건강 및 지역사회로부터 보호(Home and Community Care)

캐나다에서 노인에게 제공하는 가정 및 지역사회 보호사업은 건강상의 문제나 장애로 독립적으로 생활하기 어려운 개인을 지원하는 프로그램으로 대체적으로 평가, 개인서비스 전달, 서비스 조정 및 적절한 기관 이송 등이 있다. 특히, 장기요양보호(long-term care)를 병원이나 요양시설보다 가정이나 지역사회에서 담당하도록 하여 의료비 급증에 대처하고 있다. Ontario 주의 경우 1996~1998년 동안 43개의 지역사회보호센터(Community Care Access Centers: CCACs)를 설립하여 주민에게 보건과 복지서비스를 제공하였는데 동 센터는 주로 자

---

35) 영주권: 어느 정도 체류기간이 지나 영원히 살 수 있는 권리를 받는 것(시민이 아니라 투표권 없음)

원봉사단체들(NPO)³⁶⁾이 운영하고 있다.

Quebec 주의 경우 161개 지역사회 서비스센터(Centres loacux de services communautires: CLSCs)를 설립하였다. BC주 정부가 제공하고 있는 가정 및 지역사회 보호사업으로 보호평가(case management), 가정 지원 서비스(home support), 성인주간보호센터(adult day centers), 직접 보호 서비스(direct care), 말기환자보호(palliative care), 식사제공 서비스 (meal programs), 보호자휴식프로그램(caregiver relief; respite) 등이 있다. 한편, 집에서 더 이상 보호가 불가능한 자에게 일정시설에서 보호와 지원을 하는 시설입소 서비스가 있으며, 이 경우 이용료를 징수한다.

⑤ 공중보건(Public Health)

주 정부에서는 노인건강 증진을 위하여 다양한 사업을 전개하고 있다. 질병예방, 가정치료, 응급조치 등 190개 항목에 대한 The BC Health Guide Handbook을 간행하여 주민에게 제공하고, 인터넷(BC Health Guide Online)으로 급·만성 질병, 검사, 치료방법, 예방주사 일정, 진료지침 등에 대한 정보를 제공하고 있다. Health Files는 보건소, 병원, 도서관 및 가정의 진료실에 비치하여 아동 예방주사 및 보건, 환경, 안전에 대한 fact sheets를 제공하고 있다. 아울러, 영양정보 제공전화(Dial-a-Dietitian)와 인터넷 사이트를 운영하며 간호사상담 무료전화(BC Health Guide NurseLine)로 증상확인, 의사방문 주선, 검사 및 건강상태 등에 대하여 주민에게 정보를 제공하고 있다.

---

36) 비영리단체: NPO, 비영리단체는 기업 및 정부의 역할과 구분되는 비영리적인 사업을 수행하는 제3영역으로서 개인과 사회의 변화를 목적으로 하며 자발성, 공공성, 사회성을 바탕으로 하고 있다. 비영리단체에는 학술, 종교, 문화 등 기타 비영리 사업단체와 정부의 비영리성 공익활동, 기업의 공익재단(Foundation) 등이 포함된다.

⑥ 캐나다의 노인건강증진사업(health promotion)

병원, 요양원, 가정보호 등은 이미 질병에 걸린 국민과 노인을 대상으로 하고 있어 일반국민과 노인을 위한 건강증진을 위한 프로그램이 필요하다. 건강증진사업은 고령화 사회에서 장기적으로 국민의 료비의 절감을 초래하지만, 일부 학자들은 국민들이 오래 살게 되면 인생 후반기에 만성질환[37])에 걸려 결과적으로 더 많은 비용을 초래한다는 이유로 장수라는 가치에 의문을 제기하고 있다.

또한, 일부 학자들은 건강증진사업이 개인과 신체에 중점을 두고 경제, 사회적인 조건을 등한시하고 있음을 비판하고 있다. 일례로, 많은 여성노인들이 보호자의 역할을 하고 있으며, 빈곤상태에 있어 건강증진활동 참여기회가 막혀 있음을 지적하면서 대안으로 건강증진사업이 신체에 중점을 둔 활동과 diet[38]) 프로그램을 넘어서 모든 여성들에게 소득, 주택과 동등한 기회가 향상되도록 하여야 한다고 주장하고 있다.

4. 독일(獨逸, Deutschland)

1) 독일 노인복지정책의 발달과정

독일의 복지정책 발달과정을 살펴보면 다음과 같다. 특이한 점은

---

37) 폐질환, 만성폐쇄성폐질환(만성기관지염, 페기종), 기관지 확장증, 진폐증, 기관지 폐형성이상, 천식 등 만성심혈관질환, 선천성심장질환, 만성심부전, 허혈성 심질환 등(※단순고혈압 제외) 당뇨인슐린이나 경구 혈당강하제를 필요로 하는 당뇨병신장질환콩팥증후군, 만성신부전증, 신장이식환자 등 만성간질환 간경변 등 기관지 확장증, 진폐증, 기관지 폐형성이상, 천식 등 만성심혈관질환, 만성신부전증, 만성간질환 등.
38) DIET: 비만을 예방하고 비만을 줄이는 방법(본건에서는 재도의 비만을 뜻함)

동서가 통일 된 후 더욱 많은 어려움이 나타나고 있다. 소국분립주의, 즉 군소공국과 도시들이 독립하여 독자적인 권한을 행사하던 각 도시나 공국마다 사회 정책적 조회들의 차이점들이 나타난다. 중앙집권적 사회정책이 비약, 지역적 혹은 도시적 특성은 보다 더욱 강하게 나타나고 있다. 발달과정을 고양곤(1996)에 따르면 다음과 같이 분류하고 있다.

(1) 독일 사회복지정책의 전통적 요인

독일은 생존에 역점을 둔 전통적인 구호활동을 시작하였다. 기초단체 및 각 지역에 자치권 혹은 자체해결 원칙의 강조이며 정책실현과 관련한 규정이며, 다음과 같은 원칙을 제정하고 있다.

① 연대성[39] 원칙
② 보조 원칙
③ 자기책임의 원칙
④ 사회적 자치의 원칙
⑤ 질서유지의 원칙

(2) 전통적 빈민구제의 원칙

전통적으로 빈민구제에서는 다음과 같은 원칙을 강조하며 발전해 오고 있다.

---

39) 연대성의 원리는 개인끼리 또는 개인과 사회, 민족들 간에 상호 의존과 유대를 바탕으로 서로의 책임을 지고 돌봐야 한다는 원리이다. 인간은 사회적 동물이라는 말이 있듯이 모든 인간관계에는 서로 돕고 의지하는 연대성이 요구된다. 연대성은 이웃의 불행을 보고서 그들에 대한 책임감을 느끼며 이웃과 자신의 선익을 위해 투신하고자 하는 결의로서 도덕적인 덕목이며, 따라서 '사회적 애덕' 혹은 '사랑의 문명'이라고 불리기도 한다.

① 중세사회: 국가 차원보다 민간 자선구호 활동이 주를 이룬다.

② 중세 말기: 국가 차원에서 빈민구제가 다루어진다.

③ 보조 원칙: 개인의 구체적 욕구에 초점, 일반적 생존위험과의 관련이다.

④ 개별화 원칙: 보조의 의미이자 개개인의 통제와 구제를 의미한다.

⑤ 도시 자치화에 따라 빈민구제의 행정화이다.

⑥ 해당지역의 책임원칙: 빈민들의 책임이 해당지역 공동체에 있다는 의미다.

⑦ 빈민의 노동의무 부과 시작이다.

⑧ 타 지역출신 빈민 배제이다.

⑨ 행정관련기구가 틀을 잡고, 도시화가 진척될수록 더 강화이다.

(3) 빈민구제 복지정책의 변화

중세로부터 빈민구제에 대한 복지정책에 대해 다음과 같은 정책의 변화와 개혁을 보이고 있다.

① 중세로부터 빈민구제에 대한 복지정책에 대해 다음과 같은 정책의 변화와 개혁을 보이고 있다.

㉠ 부자가 내는 자선기금으로 운영규칙이 없었다.

㉡ 대처에 있어서 전략이나 기본자세는 훌륭하다.

㉢ 효율적 재분배는 거리가 멀다.

㉣ 종교와 관련된 자선에 의존이다.

㉤ 상황에 맡겨두는 것이 목적이다.

㉥ 사회적 낙인은 없었다.

② **도시 빈민구제 정책의 변화**

　　㉠ 지역공동체 중심

　　㉡ 교회에서 지치의회로

　　㉢ 자선금의 분배가 시의 행정에 의해 이루어진다.

　　㉣ 외부인 배척규정이 원칙화되기 시작

　　㉤ 구걸행위금지

　　㉥ 빈민에 지역의 보호 혹은 보조의무가 도입

　　㉦ 빈민구제 행위가 지역의 책임과 의무로 되었다는 것을 의미

　　㉧ 합리화: 구제혜택을 위한 분명한 조건, 재원을 통일하여 단일화

　　㉨ 관료화: 행정기관의 설치, 시의 행정 관할 영역확대, 낙인이
　　　찍히기 시작

　　㉩ 교육적 수단화: 16세기 초 직업훈련, 공업화의 강제 인력동원
　　　에 이용

③ **빈민정책의 개혁**

　　㉠ 시민계급이 중심이 되는 도시자치화 과정

　　㉡ 경제적: 구걸의 죄악시, 기인적인 동정의 금기, 외부인 배척

　　㉢ 정치적: 독자적 자치적 행정, 시민계급의 세력구축, 도시행정
　　　과 연계

(4) 근세 및 근대 독일의 빈민복지정책

　　17~18세기에서 뒤늦은 산업화와 관련하여 강제노역 동원 혹은 강
제노동 훈련소 설립 등 새로운 방법이 도입되어 다음과 같은 프롤레
타리아 계급을 바탕으로 형성되어 발전해 왔다.

① 30년 전쟁과 그 영향

　　㉠ 전쟁중과 더불어 독일은 소국분립(독자적인 연방공국 및 도시들로의 분리)

　　㉡ 절대주의국가 성립이 늦어졌다.

　　㉢ 경제적 퇴보, 인명피해

　　㉣ 1770~1800년까지 농경개혁 → 국가지원을 통해 장려

　　㉤ 생산량 증대에도 불구하고 예속, 종속의 정도가 심화

　　㉥ 점진적 산업구조 재편과 사회변화

　　㉦ 군대동원(선택의 자유가 없음)

　　㉧ 노동형무소에서 인력 제공

　　㉨ 어린이 인력선호

② 사회정책의 변화

　　㉠ 소국들의 독자적 주권 및 통치강화 → 행정기구 구축

　　㉡ 중앙집권화: 국가적, 행정적 기관으로 넘어갔다.

　　㉢ 빈민구제 역시 국가행정의 일부로 인정

　　㉣ 공업화에 따른 빈민정책의 변화

　　㉤ 저임금 정책

　　㉥ 국가가 적극적으로 지원(인력＋세금면제 등)

　　㉦ 국영기업이라는 특정형태의 독점적인 기업발생

③ Hamburg 구빈제도

구빈제도는 가난한 사람과 가난하지 않은 사람의 장벽은 허물어져야 하며 이는 시민화를 통해 이루어져야 한다는 생각을 가지고 출발

한다. 함부르크 구빈제도는 구빈의 체계가 교회의 자선에서보다 책임적인 시민연합체의 활동을 활성화했다. 노동 가능한 사람들에게는 일자리를 제공한다는 원칙을 가지고 노력했으나 실패하고 현재 다음과 같은 제도를 시행하고 있다.

    ㉠ 걸식행각을 완전히 폐지하였다.

    ㉡ 가난한 사람을 보다 더 효과적으로 지원하였다.

    ㉢ 걸인의 숫자를 줄이려는 것이 목표이다.

(5) 근대 독일 사회복지정책의 변모

급속한 산업화로 인해 19~20세기에는 새로운 사회정책이 필요하였고 체제존립을 강화하기 위해서 새로운 사회정책이 필요하였으며, 중상주의로 인해 도시로 모여들게 됨으로 인해 1960~1970년 중반 독일경제 성장기이나 사회보장이 지나치게 확대 재성장의 한계를 가져오게 되기도 했으며, 1990년 통일 후 동독지역에 확대 적용되어 재정적 부담이 그만큼 가중되었다. 이때 출현한 사회보장제도[40]는 비스마르크(Bismarck)가 제창하였다. 비스마르크[41]의 사회보장제도를 살펴보면 다음과 같다. 1880년대 독일에서 만들어진 사회보험제도는 사회민주주의의 무력화, 생산의 안정화, 경제적 효율성의 증대 등 다용도적 목적과 수단을 가지고 있었으며 비스마르크에 의한 "위로부터의 혁명"이라는 정치적 보험성격을 가지고 있다.

1875년 사회주의 노동당이 조직되면서 노동조합과 결합, 힘이 커

---

40) 사회보장제도: 사회보장제도란 노후문제, 교육문제, 의료문제 등을 기본적으로 보장해주는 것을 말한다. 즉, "어떠한 사람이든지 자식의 교육, 질병치료 등과 노후에 최소한의 생활을 보장받을 수 있다"는 가정 하에 그 사람이 살 수 있는 최소한의 생활환경에서 살 수 있도록 해주는 것을 의미한다.

41) Bismarck: 19세기의 독일 정치인. 군주제를 지향했으며 독일 통일을 이루어낸 사람이다.

지기 시작하였으며 비스마르크는 노동조합 노동자계급을 탄압으로만 일관하지 않고 회유책을 강구하게 되며 당근과 채찍이라는 정책을 활용하여 노동운동을 선동하는 자에게는 사회주의탄압법으로 탄압을 하고 말 잘 듣는 노동자에게는 보험정책을 활용하게 된다. 1870년 이후 빈민, 노동자에 대한 입장은 자조에서 국가부조로 완전히 전환하게 되었다. 사회주의탄압법으로 보충적 조치로서 다음과 같다.

① 1883년 질병보험법
② 1884년 근로자재해보험
③ 1889년 노령폐질보험
④ 1891년 개혁적 성격의 제국보험법 제정(3가지 법을 단일화시킨 형태)

가입자 범위의 확대, 과부 고아를 위한 유족보험 개발, 사무직 근로자를 위한 직원보험법을 제정하였다.

2) 노인복지 정책방향

(1) 사회보장제도의 특징

사회보장제도의 특징을 류공순(1996)에 따르면 다음과 같다.

① 사회 안전의 원리: 생계유지, 재산형성의 안전과 건강유지의 안전, 자본주의 시장경제제도를 바탕으로 국민의 기본적인 욕구를 충족시키려는 복지서비스 체계이다.
② 사회공정의 원리: 민주주의 국가로서 국민의 안녕과 복지사회의 지향이다.
③ 사회균등의 원리: 경제적 생활과 관련하여 공경제와 사경제의

재화공급의 조화와 의사결정의 기초이다.

④ 공동체의 원리: 복지에 상호 책임을 지며 돕는다는 원칙이다.

⑤ 제1차 세계대전 후의 사회보험실시, 1918년 바이마르 공화국은 사회보장법규의 정비, 급여수준 개선제도 확충 등 외형적으로 독일의 사회보장체계가 완성되는 성과를 거두는 시기이다.

⑥ 1920년 제국부양법제정: 전쟁희생자, 유족자 보훈제도를 만들었다.

⑦ 1922년 청소년복지법 제정이다.

⑧ 1924년 공적부조법 기존의 빈민구제 제도를 전반적으로 재조정하여 통일시킴이다.

⑨ 1927년 직업보도 및 실업보험에 관한 법률, 전국적으로 단일화이다.

⑩ 제2차 세계대전 후의 사회보장이다(Hitler 통치기간 시 보장제도).

〈표 16〉 독일의 노인복지정책 기본구조

구 분	시행정책 및 프로그램
소득 보장	① 노령연금 ② 사회부조 ③ 농업경영이양연금 ④ 농업경영자노령부조제도 ⑤ 교통, 통신 및 문화활동 비용의 할인
의료 보장	① 의료보험 ② 수발보험 ③ 노인의료보호를 위한 시설 ④ 지역사회보호서비스
주택 보장	① 주택관계보조금 ② 노인을 위한 보호시설
사회적 서비스	① 노인상담프로그램 ② 식사배달서비스 ③ 노인서비스센터 ④ 노인휴게소 ⑤ 긴급통화 및 전화연결 서비스

(자료: 보건복지부, 2006)

제2차 세계대전에 패배함으로써 미국, 영국, 프랑스, 소련에 의한 분할통치가 시작되어 국가기구는 해체되었으며, <표 16> 노인복지정책을 살펴보면 특히 기초생활인 소득보장제도가 잘 발달되었다. 이에 의료, 주택, 사회망 서비스의 틀인 정책기본구조를 갖추게 되었다. 이것의 영향으로 사회보장제도가 체계를 갖추게 되었다.

(2) 독일의 공적부조

독일의 사회보장은 자조를 위한 원조 '스스로 책임지는 사고'에 그 기본적 가치를 두었다. 독일의 사회보장제도는 크게 사회보험, 공적부조[42], 보상 그리고 특수형태 및 기타 사회복지 서비스로 구분한다. 사회보험은 1883년에 도입된 의료보험, 1884년의 산재보험, 1889년의 연금보험 및 1927년에 도입된 고용보험, 1995년의 간호보험으로 구성된다. 공적부조는 생계유지를 위한 부조와 특별한 생활환경을 위한 부조로 구성된다.

보상은 전쟁에서 희생된 사람들을 위한 원호프로그램인 전쟁희생자원호프로그램[43]과 전쟁이나 전후의 추방으로 생명과 재산, 토지, 주택 등을 잃은 사람들에게 또는 화폐개혁으로 손실을 입은 사람들에게 부의 재조정작용을 할 수 있도록 지급되는 부담조정(Lastenausgleich)으로 구성된다. 부담조정은 세금의 조정으로 30년 이상 납부한 재산세, 저당권, 이득세, 신용이득세 등의 부담금 즉, 세금을 조정해 준다. 특수형태

---

42) 공적부조: 국가 및 지방자치단체의 책임 하에 생활유지능력이 없거나 생활이 어려운 국민의 최저생활을 보장하고 자립을 지원하여 인간다운 생활을 영위할 수 있도록 일반조세에서 현금 또는 현물급여를 행하는 사회복지제도이다. 공적부조는 현존하는 사회복지제도 중에 인간의 최저생활을 보장한다.

43) 전쟁희생자원호프로그램: 전쟁이나 전후의 추방으로 생명과 재산, 토지, 주택 등을 잃은 사람들에게 국가에서 보상해 주는 제도이다.

및 기타 사회복지 서비스로는 아동수당, 양육수당, 주택수당, 청소년부
조, 직업교육 촉진프로그램과 공공보건서비스, 재산형성 촉진프로그램
등이 있다.

독일 공적부조제도인 1962년의 연방사회부조법은 Bundessozialhilfegesetz
에 법적 근거를 두고 있으며, "문화적이면서도 인간다운 생활을 할
가능성이 없는 자의 생계지원"을 사회부조의 목적으로 한다. 독일의
공적부조 급여에 있어서 기본전제는 위기로부터 일정기간 동안 개인
을 보호한다는 것이며, 독일 공적부조 <표 17>에 있어서 중요한 특징
은 다른 사회복지제도와는 달리 개별화(Individualisierung)와 보충성
(Nachrang)의 두 가지 원칙이 근간을 이룬다. 개별화 원칙은 부조의
방식 및 형식 그리고 정도가 각 개인의 특수성에 따르는 것을 의미하
기도 한다.

〈표 17〉 기초생활급여의 종류(공적부조)

구분	급여의 종류
기초생계비 부조	식비·생활비·광열비·잡비 등 일상생활에 필요한 비용을 법이 정한 일정한 금액에 따라 부조하는 것(일시급여와 경상급여, 보통급여와 특별급여, 거택부조와 시설 내 부조) *특별수요가산제도: 노령, 장애, 임신, 출산 등에 대해서는 통상 기준액의 20%를 가산한다.
특별부조	생활기반의 구축·확보에 관한 부조, 교육부조, 예방·위생 부조, 의료부조, 임산부 부조, 가족계획 부조, 장애인에 대한 사회복귀부조, 결핵부조, 시각장애인부조, 노령부조, 외국거주 독일인부조 등

(자료: 보건복지부, 2004)

3) 고령자 고용지원정책

고령자 지원정책을 살펴보면 다음과 같이 분류하고 있다.

(1) 독일 고령자 정년연장

정년연장에 대하여 김근홍(1996)에서 살펴보면, 다음과 같다.

① 독일 연방노동사회부는 법정정년(정확하게는 100% 연금을 할 수 있는 퇴직연령)을 종전 65세에서 67세로 인상하기로 결정, 정년 인상 조치는 2012년부터 2029년까지 단계적으로 진행될 예정이며 2012년부터 1년에 한 번씩 시행하기로 하며 2024년부터는 1년에 2월씩 인상되도록 설계, 이 경우 1964년생인 근로자는 2029년에 67세가 되어 최초로 연금을 수급하게 된다.

단, 이 정년인상에도 불구하고 연금기간이 45년간인 자금액 삭감 없이 65세에 퇴직 가능하고 한편, 특정한 경우 2029년 이후 63세부터 퇴직이 가능할 수도 있으나, 이 경우는 조기퇴직 1월당 0.3%의 연 금액 삭감을 감수해야 한다.

② 장애인의 정년은 63세에서 65세로 인상되게 되었다. 독일을 비롯한 대부분의 EU[44]국가는 고령화 진전에 따라 연금, 건강보험, 실업보험 재정의 심각한 적자상황에 직면해 과거에는 청년실업 해소차원에서 조기퇴직을 장려했으나 최근 들어 조기퇴직에 대해서는 불이익(연금액 삭감)을 주고 연금정년을 인상하며, 정년 이후에도 일하는 경우에는 유인, 즉 연금액 인상을 부여하는 방식으로 개혁해 나가고 있다.

(2) 고령자 고용증진정책 제도화

정책제도화에 대하여 안홍순(1999)에 따르면 고령자 고용증진을

---

44) EU(European Union): 유럽연합. 1994년 1월 1일 이후 사용하기 시작한 EC의 새로운 명칭. 1999년 1월부터 유로화 단일통화체제를 출범시켰으며 동유럽국가로 가맹국을 늘리려는 노력을 계속하고 있다.

다음과 같이 분류하고 있다.

① 고령자 고용을 장려하기 위해 보조금(subsidy)을 지급 종전 일자
리보다 임금액이 적은 직장에 취업할 경우 그 차액을 정부가 보
전 50세 이상의 실업자를 고용하는 기업에 대해 보조금 지급하
고 한편, 52세 이상의 근로자를 고용할 경우 5년간 임시직(기간
제) 근로계약이 가능하도록 허용하였다.

② 중고령자 능력개발지원으로 250인 이하 중소기업에서 일하는 45
세 초과 근로자에 대해서는 향상을 위한 바우처를 지급하고 있다.

③ 정부조치의 지향점은 현재 45%에 머무르고 있는 55세 이상 고
용자 고용률을 2010년까지 50%로 끌어올리기 위한 것이다.

④ 2005년의 경우 60~65세 고령자 고용률은 여성이 20.7%, 남성이
35.8%에 불과한 실정이고, 한편 2005년 월평균 연금액은 남성
923유로, 여성 502유로를 지급하고 있다.

(3) 고령자 고용지원을 위한'Initiative 50plus' 프로그램 제도

① 핵심내용: Muentepering 연방노동장관(사민당)은 7월 19일(수)
각료회의에서 고령자의 취업을 지원하기 위한 수단인 'Initiative
50plus'를 발표하였다. 동 정책은 인구구조 변화 등에 따른 고
용시장 문제를 해결하기 위하여 50세 이상의 실업자를 고용할
경우 근로자와 사업주에 대한 지원의 확대를 통해 고령자 일자
리를 창출하려는 것으로서 8월에 구체안을 마련한 후 가을부터
입법화를 추진하여 2007년 1월부터 시행할 계획이다.

② 목적: 10만 명의 고령자 일자리를 창출하여 2010년까지 55세 이
상 고령자의 고용률을 현행 45%에서 50%로 증대, 근로자 임금

보전은 50세 이상의 실업급여 수급자가 실업 전 일자리보다 임금이 낮은 일자리에 취업할 경우 임금차액에 대하여 1년차에는 50%, 2년차에는 30%를 지원하였다.

사업주 지원으로는 50세 이상의 실업급여를 수급하는 장기실업자를 신규로 고용한 사업주에게 24개월간 임금의 일부를 지원, 반응 및 전망, 파트너인 기민연합은 동 프로그램을 국가의 지원에 의한 저임금일자리의 창출이라는 당의 방침과 일치하는 면에서 환영하였다.

또한 고령자와 함께 25세 이하 청소년에 대한 지원책을 동시에 주문 독일 경총(BDA) 회장 Dieter Hundt은 국가의 지원에 의한 고령자 고용촉진의 부작용을 우려하면서 조기퇴직을 유도하는 정책의 우선 폐지를 주문하였다.

③ 독일과 대비하여 주요 EU국가의 고령자(55~64세)를 살펴보면 다음과 같다.

〈고령자고용율 %〉

스웨덴 69.4	덴마크 59.5	영국 56.9	핀란드 52.7
포르투갈 50.5	네덜란드 46.1	독일 45.4	스페인 43.1
프랑스 37.9	오스트리아 31.8	폴란드 27.2	

(자료: 통계청, 2006)

(4) 최근 개선노력과 현황

1996년도부터 조기연금에 진입할 경우 할증률의 적용, 2006년도부터 고령자에 대한 실업급여 수급기간의 단축(32개월→18개월), 2010년부터 2029년까지 연금진입 연령을 65세에서 67세로 상향 등의 조치를 취하고 있으며 아직도 58세 이상 실업자 구직면제, 단시간 근로, 고용촉진정책45) 등이 시행되고 있다.

4) 노인건강보장 및 지원정책

(1) 노인요양보험제도

① 개념

장기요양보호46)는 롱텀 케어(long-term care), 개호, 장기 간병 등으로 불리고 있다. 롱텀 케어(long-term care)의 뜻과 같이 'long-term(긴 기간)', 즉 서비스를 시작하는 시점은 있으나 끝나는 시간이 수혜자의 사망 또는 대상자에서 제외 사유발생과 같이 불확정적인 기간 동안, 'care' 보건의료서비스, 사회적 지지 서비스 등을 제공해 주는 것을 말한다.

② 도입배경

인구의 고령화 현상이 일찍 시작된 독일은 1939년에 이미 65세 이상의 노인이 전체인구의 8%를 차지하여 고령화 사회로 진입하였으며, 사회요양보험이 도입된 1994년에는 전체인구의 16%가 65세 이상의 노인으로 고령사회가 되었다. 또한 2025년에는 60세 이상 노인 5명 중 1명은 80세 이상의 노인으로 추정되고 있어 후기 노인인구가 차지하는 비율이 높게 나타날 것으로 예측된다. 후기 노인의 증가는

---

45) 고용정책: 구체적으로 100인 이상 근로자를 고용하고 있는 사업장의 고용주가 50 이상의 고령자를 계속 채용할 경우 고령자의 재직업 교육비용을 부담함으로써 고령근로자의 경제력 제고를 지원하도록 규정한다.
46) 고령이나 노인성 질병 등으로 인하여 일상생활을 혼자 수행하기 어려운 노인 등에게 신체활동 또는 가사지원 등의 장기요양 급여를 사회적 연대원리에 의해 제공하는 사회보험제도이다.

요양 서비스를 필요로 하는 치매, 화상 등의 만성질환 노인의 증가를 동반하게 된다. 사회가 복잡해짐에 따라 발생하는 다양한 위험요인으로 인해 장애인이 증가하고 있고, 이와 함께 변화하는 가족구조는 독일에 있어서 요양욕구의 급격한 증대를 불러왔다.

③ 도입과정

독일에서 요양서비스를 필요로 하는 사회구성원들에게 사회보장을 실시해야만 한다는 논쟁은 이미 1970년대 중반부터 시작되었으며, 1978년 52회 독일 법학자 학술대회에서 최초로 사회요양보험 도입의 필요성을 주장하였고, 그 이후 지속적으로 민간단체와 정당 등에서 사회요양보험47)의 필요성이 연구되었다. 독일에서는 요양서비스의 욕구가 증대되면서 민간시장에 의해 1980년대 초 민간요양보험이 도입되었으나, 민간시장에 의한 요양보험은 젊은 계층의 요양에 대한 위기인식과 사회적인 요양에 대한 인식의 부족, 노인과 같이 요양 위험이 큰 집단이 가입함에 따른 비용증가 등의 원인으로 인하여 널리 확대되지 못하였다.

조세48)에 바탕을 둔 장기요양 보호정책의 접근은 자산평가를 통한 복지혜택으로서 사회부조의 성격을 갖고 있다. 이러한 정책적 접근을 옹호하는 사람들은 장기요양정책의 방법으로 사회부조의 대상자 선정기준을 관대하게 함으로써 빈곤선 이상의 높은 수입을 가진 보호 수혜자들까지 혜택을 받는 방안을 제시하였다. 윤구정(2004)에 따르면

---

47) 사회요양보험: 고령이나 노인성 질병 등으로 인하여 6개월 이상 동안 혼자서 일상생활을 수행하기 어려운 노인 등에게 신체활동 또는 가사지원 등의 장기요양 급여를 사회적 연대원리에 의해 제공하는 사회보험제도이다.
48) 조세: 국가나 지방자치단체가 재원조달을 목적으로 국민으로부터 강제 징수하는 수입이다.

입법화 이후 1995년 1월부터 요양보험료를 징수하기 시작하였고, 1995년 4월부터 재가에서 생활하는 요양대상자에게 우선적으로 사회요양보험이 지급되었으며, 1996년 7월부터 시설요양서비스 <표 18>을 살펴보면 정부에서 지원한 보험제도보다 민간단체까지 참여한 노인복합시설이 더 많은 인기를 누리고 있음을 볼 수 있다. 2003년도 현재 독일의 노인보호시설 수는 약 8,000개소, 입소정원수는 65만 8,000명 수준으로 나타나고 있는데, 이는 전체 노인인구의 5.1%에 해당한다.

〈표 18〉 독일의 노인요양 생활시설

	시설 수		입소 정원 수	
	실수	(%)	실수	(%)
시설유형				
노인 거주홈	442	(5.4)	49,405	(7.5)
노인홈	1,821	(22.2)	125,546	(19.1)
노인 개호홈	2.272	(27.7)	142,018	(21.6)
노인복합시설	3,657	(44.6)	340,619	(51.8)
운영주체				
공립시설	1,158	(14.1)	122,689	(18.9)
비영리사립시설	4,522	(55.2)	402,084	(62.0)
영리사립시설	2,508	(30.6)	123,915	(19.1)
합계	8,188	(100.0)	657,588	(100.0)

(자료: 일본 후생백서, 2003)

(2) 노인수발 보험제도

① 개념

"신체적, 지적 또는 정신적 장애로 일상생활 과정 중에서 보통 정기적으로 반복되는 동작이 장기간(최소 6개월) 보통정도 또는 중한 정도의 수발을 필요로 하는 자에게 제공되는 서비스"라고 규정하고 있다. 노인수발 보험제도는 고령화 사회에서 급격히 증가하는 노인요양문제에 적극 대처하여 국민들의 노후 불안을 해소하고, 건강한 고령사회 실현을 위해 국가, 사회의 책임하에 노인요양 보장체계를 조기 구축할 필요성이 대두됨에 따라 새롭게 제도가 도입되는 제5의 사회보험이라고 할 수 있다.

② 도입배경

수발보험은 독일에서 연금보험, 의료보험, 재해보험, 실업보험에 이어 가장 최근에 생겨난 5번째 사회보험이며, 그 주요 업무는 의료보험에서 함께 다루고 있다. 그러나 노령화와 가족의 역할변화에 따른 장기요양 대상인구와 비용의 증가는 가난한 계층 이상의 일반국민들 그리고 지방정부에게 심각한 재정 부담을 안겨 주기에 이르렀고 국가는 재정 부담을 낮추기 위해서 새로운 재원을 조달하는 방법의 모색이 요구되었고 연방정부, 주 정부 및 이익단체 사이에 장기간의 토론을 거쳐서 새로운 사회보험제도를 구축하기로 결정하게 되었다. 처음 독일 정부가 수발보험의 유용성과 필요성을 제기한 내용은 다음과 같다.

  ㉠ 수발로 인한 당사자와 가족들의 과중한 부담으로 가족기능이 약화: 수발이 필요하게 될 경우, 해당자는 물론 그 가족들에게 물리적, 정신적, 재정적으로 커다란 부담이 되며, 많은 경우 이러한 부담은 개인들의 능력범위를 넘어서게 된다.

  ㉡ 수발행위로 인해 정상적인 생계활동을 하지 못하는 사람들에

대한 사회적 보장이 부분은 수발보험의 의의를 설명하는 가장 획기적인 것으로, 수발을 요하는 사람은 일상생활을 하는 데 불가피한 일들을 스스로 해결하지 못하기 때문에 다른 사람의 도움을 필요로 하게 되고, 가족이 이러한 일을 전담하게 될 경우 정상적인 생계활동을 하지 못하게 될 뿐 아니라 정신적 스트레스와 재정적 어려움으로 상당한 희생을 감수하게 되고, 결국 이들의 사회적 보장, 특히 노후생활의 보장에 있어서의 희생으로까지 이어지게 된다.

ⓒ 수발에 대한 과다한 사회부조로 지방재정의 위기초래: 일반적으로 수발에 따른 엄청난 비용을 스스로 해결할 수 있는 경우는 일부 부유층에 국한되는 것이 현실이다. 그래서 사회부조 시스템에 의존하게 되는데, 정부의 통계에 의하면 구 서독지역의 경우 수발시설에서 수발을 받는 사람들의 80%, 그리고 구 동독지역의 경우는 거의 100%가 사회부조를 받는다고 한다. 이렇게 많은 사람들이 수발을 목적으로 사회부조금을 받는다는 것은 독일 사회보장제도의 기본 틀에 어긋난다는 것이 정부의 시각이다.

ⓓ 노인인구의 증가와 질병보험의 재정위기: 32년 고령화 사회에서 74년 고령사회 진입 노인인구의 증가추세와 1883년에 제정되어 시행되어 온 질병보험이 고령화 추세에 따른 사회적 입원의 증가에서 오는 재정 고갈의 문제이다.

③ **도입과정**

수발대상자에 대한 사회보장정책은 수발보험법49) 제정 이전에도 있었다. 우선 1988년 보건법 개혁을 통한 재개수발의 의료보험 혜택이 이루어졌었고, 1990년의 세제법 개혁을 통해 수발이 요구되는 사람들과 수발을 담당하는 사람들에게 세금감면의 혜택을 주었으며, 또 1992년에는 연금법 개정을 통해 연금보험 내에서 수발을 받을 수 있는 기간이 현실화되기도 하였다.

그런데도 정부에서 엄청난 반대와 논란을 거치면서 새로이 장기요양보험법[50])을 제정하여 1995년부터 실행하게 된 근본적인 원인은 위의 조치들로 수발에 관련된 사람들보다 보험과 국가의 재정이 점점 더 심하게 압박을 받게 된다는 데 있었다.

④ 현황(급여의 개시와 수급자 현황)

1995년 세계 최초로 노인을 위한 수발보험이라는 공적보험을 도입하여 노인으로 인한 가족들의 과중한 부담이나 수발당사자의 정신적·재정적 부담을 상당히 경감시키고 있다. 정책도입 당시, 기존 근로소득의 약 40%에 달하는 사회보험지불액에 강제보험으로 추가되는 수발보험은 근로자나 사업주 측의 강한 반발로 무산될 위기에 빠졌었다. 그러나 정부의 끈질긴 설득과 고령화에 대한 국민의 공감대 형성이 수발보험을 성공적으로 출범할 수 있게 하는 원동력이 되었다. 독일의 수발보험은 재정의 전액을 피보험자에게 부담시키고 있다.

즉, 공적보험으로 강제성이 있어 의료보험 가입자는 누구를 막론

---

49) 고령이나 노인성 질병 등으로 인해 일상생활을 혼자 수행하기 어려운 노인 등에게 신체활동 또는 가사지원 등의 수발급여를 제공하는 사회보험제도를 말한다. 대상자의 심신상태와 부양여건에 따라 다양한 형태의 서비스가 제공되며, 예외적으로 가족수발비, 휴식서비스 등 부양가족을 위한 지원책도 마련된다.

50) 장기요양보험법: 고령이나 노인성 질병 등의 사유로 일상생활을 혼자서 수행하기 어려운 노인 등에게 제공하는 신체활동 또는 가사활동 지원이다.

하고 강제적으로 수발보험에 가입하여야 하며, 급여의 약 1.7% 정도를 보험료로 부담하여야 한다. 또한, 공적연금[51]의 수혜자도 연금 지급분의 절반을 원천징수하고 있다. 그리하여 독일 노인의 200만 명 이상이 현재시설이나 재가에서 수발보험에 의한 현금 및 현물의 서비스를 받고 있다. 서비스의 종류는 다음과 같다.

- ㉠ **재가서비스 급여:** 현재 수발필요자의 약 2백만(2/3) 이상이 재가서비스를 받고 있다.
  - ⓐ 현물급여: 수발필요자는 재가서비스 기관이 제공하는 매월 384유로(1등급), 1,432유로(3등급)까지 현물서비스를 이용한다. 예외적인 경우—암 말기상태, 중풍과 치매를 동반한 24시간 수발이 필요한 상태 등—매월 1,918유로[52]까지 서비스 이용 가능하다.
  - ⓑ 현금급여: 재가서비스 제공기관을 이용하는 대신 수발필요자가 스스로 정한 사람에게 수발을 받을 경우 현금급여를 신청할 수 있다. 수발현금 급여는 매월 205유로(1등급), 665유로(3등급)이다.
  - ⓒ 현금급여와 현물급여의 혼합급여: 또 다른 급여형태는 혼합형으로 해당 수발등급의 최상급여에서 재가서비스 제공자에 의한 현물급여를 제외한 잔액을 현금급여로 지급받는 형태이다.
  - ⓓ 수발자 유고 시의 급여(단기수발): 수발자 유고 시 대체급여

---

51) 공적연금: 국가가 주체가 되어 국가권력과 법률에 의해 강제됨으로써 수익자인 국민이 자유롭게 가입여부를 결정할 수 없는 것을 말하며, 일상생활의 위험 가운데 노령, 퇴직, 사망 등의 사유가 발생했을 때 미리 설정한 기준에 따라 지급해 주는 제도이다.

52) 유로(Euro): 15개 유럽국가에서 통용되는 돈으로, 유로화를 쓰는 국가를 묶은 유로존은 2007년 실질 구매력 GDP 기준으로 미국을 앞설 만큼 중요한 경제지역이다.

는 두 가지가 있으며, 1년에 총 4주의 범위 내에 단기시설을 이용하거나, 시설을 이용하지 아니할 경우 1년에 총 1,432유로 한도 내의 급여를 받을 수 있다.

　　ⓔ 수발보조재료와 주거환경의 개선: 수발보조재료 이용에 필요한 금액은 매월 31유로까지 지급, 기술적인 보조기구를 대여하거나 100%까지 지급한다.

　　ⓕ 수발자의 연금지급: 자원봉사 수발자의 국민연금과 산재보험료를 납부한다.

㉡ **시설급여**: 수발금고는 노인요양시설에서의 서비스는 수발 등급별 서비스로 이용한도는 매월 1,023유로(1등급), 1,432유로(3등급)까지이며, 특수한 경우는 매월 1,688유로까지 받을 수 있다.

㉢ **기타급여**: 주간 야간 보호서비스, 장애인을 위한 특수시설 병상 서비스, 가족과 자원봉사 수발자를 위한 수발교육, 수발의 필요가 매우 높은 수발필요자의 추가수발에 대한 급여가 있다. 수발보험[53])의 급여는 나이나 노령화와 상관없이 신체적 혹은 정신적 장애(disability)로 인해 일상생활(ADL: Activities of Daily Living)을 수행하는 데 있어서 적어도 6개월 이상 타인의 도움을 필요로 하는 사람을 대상으로 한다. 수발서비스 수급자 <표 19>를 보면 1995년도 13%에서 2003년도 총인구의 23%로 크게 확대되었다. 통상적으로 수발행위에 속하는 것들로는 다음과 같은 사

---

53) 수발보험: 독일의 보험제도로 6개월 이상에 걸쳐서 일상생활 수행능력을 도와주기 위하여 제공되는 보건의료 및 복지 등 모든 행태의 보호서비스로 정의된다.

항들이 있다.

ⓐ 신체수발: 세수, 샤워, 목욕, 양치질, 면도, 머리손질, 대소변
ⓑ 영양섭취수발: 적절한 음식준비, 식사제공, 특별한 식이요법
ⓒ 활동수발: 기상, 잠자리 정리, 옷 입고 벗기, 걷기, 외출
ⓓ 가사수발: 시장보기, 요리, 난방, 청소 또는 설거지, 세탁 등
장애나 노화로 인해 독자적인 생활을 하는 데 불가피하게 다른 사람의 도움을 필요로 하는 사람들을 집에서 수발하는 것이 재택수발[54] 활동이다.

〈표 19〉 연도별 법정 수발보험 수급자 현황

연도	1995	1996	1997	1998	1999	2000	2001	2002	2003
수급자	1,061	1,547	1,660	1,738	1,826	1,822	1,839	1,889	1,893

(Bundesministerium für Gesundheit und Soziale Sicherung, 2003)

5. 프랑스(France)

1) 프랑스 복지정책의 발달과정

프랑스에서 노인을 위한 서비스 입법안의 결정은 중앙정부의 소관 업무이다. 재정지원과 행정구역은 중앙(National), 주 정부(Departmental) 및 지방정부(Municipal)로 나뉘어져 있다. 노인을 위한 서비스 제공에 가장 많은 권한을 행사하는 중앙정부의 담당부처는 다음과 같다.

---

54) 재택수발: 장애나 노화로 인해 독자적인 생활을 하는 데 불가피하게 다른 사람의 도움을 필요로 하는 사람들을 집에서 수발하는 것이다.

(1) 사회부(The Ministry of Social Arrairs)

의료보험을 관련하고 병원 운영비, 의료 보호비, 의료사회단체의 보조금지급을 책임지고 있으며, 재가보호 서비스와 지역 요양시설에 대한 재정지원을 해 주고 있다. 재정지원의 다른 원천으로는 고령자보험(ageing insurance)을 들 수 있는데, 고령자보험은 노인보호주택(sheltered housing)과 주택개선에 소요되는 투자비용의 재정지원을 책임지고 있을 뿐 아니라 재가보호서비스 운영비용의 일부를 자금 조달해 주고 있다.

(2) 도시주택부(The Ministry of Urbanism and Housing)

사회단체, 의료사회단체 등이 노인보호시설 재정관리와 주택개선을 관리한다.

(3) 퇴직보조기금(Supplementary Retirement Funds)

민간 노인홈 노인보호주택의 개량공사와 재가보호 서비스에 소요되는 투자비용의 일부를 자금 지원하여 주며, 경보장치의 운영비용을 재정 지원한다.

(4) 주 정부(State Department)

주 정부는 그들의 권한을 중앙정부와 지역정부와 공유하고 있다. 각 주 정부는 대중선거에 의한 일반의회(General Council)와 의료사회복지부(DDASS, Departmental Section of Health and Social Welfare)나 사회, 의료사회단체 지역위원회(CRISMS, the Regional Commission of Social and Medico-Social Institution)와 같은 행정서비스의 2개의 주요

부분으로 구성된다. 주 정부는 서비스의 승인과 같은 정책결정 권한을 가진다.

(5) 지역자치정부(District Department)

지역자치정부의 권한은 주로 가정방문 서비스, 식사배달, 전화확인 경보가정보호의 조정과 같은 재가보호 서비스 제공에 책임을 지고 있다. 지역자치정부는 노인에게 서비스 제공의 책임 권한이 있기 때문에 상당한 자치권과 융통성을 가지고 있다. 정부의 주요 정책은 박재간(2001)에 따르면 다음과 같다. 1975년 이후 노인을 위한 서비스 제공에 있어서 다음과 같은 목적을 수반하고 있다.

① 노인이 원하는 한 살아온 주택에 계속해서 머물러 있게 하는 것이다.
② 호스피스[55]의 개선과 현대화 목표이다.
③ 노인홈과 노인보호주택에 의료보호시설의 일일사용료를 제도화하는 것이다.
④ 도시와 지역단위에 지속적인 장비서비스(permanent stay) 제공을 위해서 최대 12~25개의 침대를 갖춘 소규모 요양시설의 확충과 중·대규모의 요양시설이 기본적으로 제공되는 서비스에 의존할 수 있는 개인보호공동체(individual carecommunity)를 설립할 수 있게 하는 것이다.
⑤ 중앙정부의 권한을 주 정부로 분산시키는 일을 감독하는 것, 노인에게 제공되는 서비스의 지방분권화와 지역화 정책을 추구하기 시작한 1983년 이후 프랑스 국가정책은 노인을 위한 혁신적

---

55) 호스피스: 치유 가능성이 없는, 주로 죽음에 직면한 말기 환자와 그 가족을 대상으로 안정을 도모

인 서비스 개발에 초점을 옮겼다. 즉 호스피스, 노인홈, 장기요양시설의 최신화 정책을 말한다. 또한 소규모의 요양센터(최대 20개의 침대)의 설립 및 적절한 보호서비스 제공에 주의를 집중하고 있다. 주 정부 차원에서 일반의회는 노인을 위한 새로운 서비스 창출에 관해 주요 연금을 관리하며 모든 서비스에 관한 재정의 권력을 행사해 오고 있다.

재정확보를 <표 20>에서 살펴보면 향후 40년간 3.9%라는 대폭적으로 구상하고 있음을 알 수 있다. 지역정부 차원에서는 노인을 위한 가정보호(home care)에 가장 중점을 두고 있으며, 가정보호에 있어서 전문적인 보호 서비스의 확장에도 불구하고 가정원조 서비스를 위한 수요가 공급을 초과하고 있다. 프랑스에서는 가정원조 서비스를 위한 자원봉사자와 전문인이 부족한 상태이며, 비영리(NGO)[56]로 운영되는 민간단체의 서비스가 아직도 부족한 실정이다.

〈표 20〉 프랑스 연금재정 장기전망

구 분	2000년	2005년	2010년	2020년	2040년
GDP대비비율	-0.2%	-0.6%	-0.1%	1.8%	3.8%

(자료: BU, 장기연금전략, 2002)

복지정책은 이상각(1997), 「노인복지정책연구」에 따르면 다음과 같이 연대별 발전상을 볼 수 있다.

① 1960년대: 프랑스가 노인복지와 관련된 정책을 본격적으로 개

---

56) NGO: 엔지오(NGO) 또는 비정부기구라고도 한다. 개인이나 민간단체가 연합하여 국제적 기관을 조직한 INGO(International Non-Governmental Organization: 비정부간국제기구)와 같은 뜻으로 사용되는 경우가 많다. 국제연합헌장에 따라 국제연합경제사회이사회의 자문기관으로 인정받고 있다.

발하기 시작한 것은 중반부터의 일이다. 고령화, 핵가족화 경향의 심화로 인하여 노인문제가 심각한 사회문제로 대두됨에 따라 각 매스컴57)에서는 연일 사설이나 특집기사를 통해서 노인문제의 해결을 위한 범국민적인 대응책의 수립이 필요함을 강조했다.

② 1967년: 사회문제, 노인문제와 관련된 전문가들로 구성된 국가노인복지대위원회를 설치하고 본격적으로 이 문제의 해결책을 강구하기 위한 정책대안을 마련하기 시작했다.

③ 1976년: 1976년부터 시작되었던 제7차 사회경제개발계획에서부터는 노인은 가급적 지역사회에서 보호해야 한다는 원칙하에 가정보호 서비스망의 구축, 지역단위로 노인클럽의 조직과 노인주간보호센터58)(Day Centres)를 설치하는 사업, 그리고 독거노인들에게는 가정으로 식사를 배달해 주는 사업 등을 수행함으로써 노인들로 하여금 가급적이면 젊었을 때부터 살아왔던 지역사회에 계속 그대로 머물러 있도록 하는 정책을 펴 나갔다.

④ 1981년: 미테랑이 주도하는 사회당정권이 출범하면서부터 노인복지정책은 비약적으로 활성화하기 시작했다. 미테랑은 대통령으로 취임함과 동시에 정부조직법을 개정하여 노인문제를 전담하는 노인복지부장관(Secretary of State for Old People) 제도를 신설하였고 산하에서 많은 복지 프로그램을 개발하였다.

⑤ 1982년: 정부관계자, 노인단체지도자 그리고 사회복지전문가들로

---

57) 매스컴: ⟨mass communication⟩ ⟨명사⟩ 신문 · 잡지 · 방송 · 영화 따위로, 대중을 상대로 하는 의사 전달. ⟨동의어⟩ 대중전달.
58) 노인주간보호센터: 치매 , 중풍 ,심신허약 어르신 주간 보호 및 재가복지 서비스 제공

구성되는 노인복지대책국가위원회를 발족시킴과 동시에 중앙정부 각 부처에는 노인전담위원회를 설치하고 각 부처로 하여금 각자 노인을 위해서 해야 할 역할을 수행하도록 했다. 프랑스는 전통적으로 중앙집권적 성격이 농후한 정치시스템을 유지해 왔는데 미테랑[59] 정권은 지방자치단체로 이관하게 되었다. 따라서 이때부터 노인복지와 관련된 모든 업무는 지방자치단체 책임하에 수행하게 되었다.

2) 노인복지 정책방향

프랑스의 노인복지정책에서는 소득보장, 의료보장, 주택보장의 측면으로 정책을 구분하고 이러한 정책들을 노인의 건강상태와 소득수준을 기준으로 하여 구분하였다.

(1) 소득보장정책
프랑스의 소득에 대한 정부의 보장정책을 살펴보면 다음과 같다.

① 프랑스의 기초연금체제(basic genaral regime)
사회소득 상한 이하의 임금소득자를 가입대상으로 한다. 1992년 60세 이상 노령인구의 70.5%가 기초연금의 수급자이며, 전체 취업 노동임금의 64.8%가 기초연금의 가입대상자이다. 기초연금은 60세 이상인 경우에 수급대상자가 되며, 완전연금의 수급조건은 65세 이상이고

---

59) 미테랑: 프랑스의 정치가. 2차례(1981~1995년)에 걸쳐 프랑스 대통령으로 재임

150분기(37.5년)의 기여를 하여야 한다. 만일 65세 혹은 150분기에 미달하는 경우에 매 분기마다 1.25%씩 삭감한다. 기초연금의 재원은 크게 고용주와 피고용자의 기여금과 국고보조에 의하여 조달된다. 기여율 고용주의 부담이 많고 국고보조는 매년 재정상태에 따라 달라지는데 10% 이하로 큰 비중을 차지하는 것은 아니었다.

② 부가연금제도(complementary schemes)

보족연금[60]은 1946년에서 1960년대 중반 사이에 발전되었으며, 크게 Arpco와 Agirc의 2개의 체제로 구성되어 있다. Agric는 간부직원으로서 사회복지 상한 이하의 소득자를 대상으로 한다. Arpco와 Agirc는 직종과 업종에 따라 분립되어 있으며, 각 연금체제 간의 재정조정이나 급여통산을 행하는 상부조직이다. 부가연금은 국고보조 없이 거의 전적으로 기여금에 의하여 충당되며, 이러한 방식에서 가입자는 기여단계에 있어서 연금점수를 취득할 뿐이며 연금액은 퇴직 시에 취득한 연금점수의 누계액에 단가를 곱하여 계산된다. 즉 매년 할당되는 연금점수는 기여금액에 대응하여 결정되며, 이는 기준임금으로 표현되고, 그 누적합계에 의하여 급여액이 결정된다. 급여수준은 1997년에 1년에 17,147FF이며, 전액 국고에서 부담한다. 프랑스의 주요 연금제도에는 직업과 관련된 노령연금과 기본생활 보조금이 있다.

노령연금은 근로자와 경영주가 지불한 의무각출금에 의하여 운영되며 단체협약에 기초를 둔 것으로 기초제도(김경신, 1999)에 따르면

---

60) 보족연금제도: '보족제도'에서 급여되는 것은 피보험자에 대한 퇴직연금과 유족연금이 있다. 퇴직연금은 원칙적으로 65세에 달하고, 퇴직하여 연금을 청구할 경우에 지급되며 60세부터 64세까지는 감액연금을 수급할 수 있다.

보충제도, 재보충제도의 3단계로 되어 있다.

　㉠ 기초제도: 강제가입을 원칙으로 하는 이 제도는 직종별로 일반
　　제도, 자영자제도, 농업종사자제도, 특별제도로 분리된다.

　㉡ 보충제도: 비간부직 대상으로 강제가입 및 부과방식으로 운영
　　되고 있다.

　㉢ 재보충제도: 적립방식으로 운영되는 임의강비제도이고 대상은
　　상급간부 등으로 한정되어 있다. 퇴직 전의 소득에 따라 부과되
　　는 연금제도는 빈곤, 저소득층 노인이 가입하는 데 제한이 있
　　고, 급여를 받게 되더라도 그 액수는 미미하게 된다. 이러한 저
　　소득 노인을 지원하기 위해 자산조사를 통해 기본생활보장금을
　　지급하고 있으며, 사회부조상의 노령부조를 제공하여 노인들이
　　최저한도의 생활을 보장하고 있다.

(2) 의료보장정책

　프랑스의 노인의료보장정책은 의료보험과 병원보호가 있고, 의료
보험에 해당되지 않는 빈곤노인을 위하여 제공되는 의료부조제도[61]
가 있다. 고용자와 피고용자의 각출금에 의한 사회보장제도인 의료보
험은 취업으로 인한 소득이 없는 경우 해당서비스를 받을 수 없으므
로 의료비의 부담 능력이 없는 사람은 사회부조의 의료부조에 의해
서 재택의료부조, 입원부조, 의료부조수급자수당, 의료[62]보험료의 대
불 등을 받게 된다. 또한 의료비 지출이 많은 만성질환자나 공적부조

---

61) 국가 및 지방자치단체의 책임하에 생활유지능력이 없거나 생활이 어려운 국민에게 최저 의료에 대한 기
　　본권을 보장하고 건강한 생활의 자립을 지원하는 제도이다.

62) 공적부조: 국가 및 지방자치단체의 책임하에 생활유지능력이 없는 사람을 도와주는 제도이다.

대상자에 대해서는 무료 의료서비스를 적용받을 수 있다.

의료보험은 일반적으로 병원에서 치료를 받을 경우 총 진료비의 20%만 지불하면 되지만 많은 노인들은 대개 진료비 면제를 받고 있고, 피용자그룹, 자영업그룹, 농업(자유업)그룹 등 3그룹으로 나누어져 있으며 지역보험제가 없이 퇴직자는 퇴직 전의 의료보험제도에 계속 가입된 상태로 유지되는 것이 가장 두드러진 특징이다. 노인복지정책의 기본 틀은 <표 21>과 같이 주택보장과 사회적 서비스의 발달을 볼 수 있다. 특히 고령후기 노인을 위한 공동주택이 발달되어 있고 사회적 서비스로는 여가촉진사업이 발달되어 있다.

<표 21> 프랑스의 노인복지정책 기본구조

			소득수준	
			빈곤 · 저소득층	중 · 고소득층
소득 보장	건 강	구분 안 됨	기본생활보장금 생활부조	노령연금 (기초연금, 보충연금, 재보충연금) 개인연금
의료 보장	건 강	구분 안 됨	의료부조 의료보험상의 무료의료서비스	의료보험제도 병원보호
			*건강수준에 따른 의료서비스는 사회적 서비스에서 주로 다루어짐.	
주택 보장	건 강	양호	HLM주택63) 공공임대주택개량장려금 (건설업체 대상) 자기주택개량장려금 로쥬망 · 호와이에	입주금방식 고령자 주택 서비스병설 분양형 고령자 주택
		취약	고령후기 노인을 위한 공동주택 호스피스(Hospice) 중기, 장기 요양시설 MAPAD, MARPA (치매노인환자보호시설) (이상비용 국가보조)	고령후기 노인을 위한 공동주택 호스피스(Hospice) 중기, 장기 요양시설 마파이드(MAPAD), MARPA, CANTOU(치매노인환자보호시설) (비용 입소자 부담)

---

63) HLM 주택: 저소득층 대상의 저임대료 공공주택

| 사회
적
서비
스 | 건
강 | 양호 | 휴게식당
여가촉진사업(문화활동 요금할인)
교육프로그램(고령자클럽)
교통편의 프로그램
(요금할인, 버스와 지하철 무료) | 고령자클럽
여가촉진사업
(각종 문화활동 요금할인)
교육프로그램(노인대학)
교통편의 프로그램(이용요금 할인) |
| | | 취약 | 지역사회서비스 프로그램
-가정원조서비스
-주간보호센터
-주간진료실
-휴게식당(이상 비용 국가보조) | 지역사회서비스 프로그램
-가정원조서비스
-주간보호센터
-주간진료실
-휴게식당
(이상 일정비용 본인부담) |

(자료: 보건복지부, 2006)

(3) 주택보장정책

프랑스의 주택정책은 저소득층에 대한 주택의 공급과 주택수당 제공, 다양한 종류의 고령자주택, 그리고 요양시설 등의 시설보호로 이루어진다. 프랑스의 노인주택으로는 건강하고 독립적인 생활이 가능한 저소득층 노인대상의 로쥬망·호와이에 신체가 쇠약한 고령자를 대상으로 하는 마파이드(MAPAD), 중산층 노인을 위한 입주금방식 고령자주택, 고액의 서비스병설 분양형 고령자주택, 고령자가 오랫동안 정들어 살아온 곳에 계속 거주할 수 있도록 재개발 지구 내에 각종 생활지원 서비스가 부설된 고령 후기 노인을 위한 공동주택 등이 있다. 또한 신체적으로 자립할 수 있는 저소득층을 대상으로 입주 시 주택수당이 제공되며 적정임대료나 가격으로 공급되는 HLM 주택이 있고, 주택공급업체를 대상으로 공공임대주택의 주거수준을 개량을 위해 저리로 융자되는 공공임대주택 개량장려금과 저소득 노인소유의 노후주택개량을 위한 주택개량 장려금도 실시되고 있다.

저소득층이 많이 입소하는 노인홈, 신체적으로 쇠약한 노인을 수용하는 호스피스(Hospice)가 있고, 노인요양시설로는 중기, 장기요양시설이 있다. 장기요양시설은 치료를 요하는 만성질환 노인을 위한 시설로 노인병원적 성격이 있으며, 중기 요양시설은 구급적 치료가 끝난 후에 자립생활로 돌아가는 기간, 즉 치료 및 기능회복훈련을 하는 시설로 치료목적의 병원과 장기요양시설의 중간에 위치한 시설이다. 또한, 치매[64) 노인환자를 위한 소규모 노인보호시설로 가족과 함께 살 수 있도록 되어 있는 CANTOU와 정신적 장애노인을 입주대상으로 하는 중간규모의 NAPAD, 주로 시골지역에 거주하는 노인들을 입주대상으로 하는 소규모의 노인보호시설인 MA으로 지적 능력이 상실되는 경우를 말한다. 따라서 선천적으로 뇌기능 발달 RPA 등이 실시되고 있다.

3) 고령자 고용지원정책

프랑스도 고령자 조기퇴직으로 연금재정 압박문제가 대두되면서 고령자 고용 문제가 주목을 받기 시작했다. 문제해결을 위해 프랑스 정부는 연금제도 개혁 과 고령자 고용 장려정책을 동시에 추진하고 있다. 1989년 도입된 고용연대계약 Ces(Contract Emploi Solidarite)는 50세 이상 26세 미만 취업이 어려운 실직자를 대상으로 공공분야에 주 20시간 정도의 파트타임 일자리를 제공해 주는 것으로 워크쉐어링(Work Sharing) 성격이 강하다. 고용촉진계약(CIE: Contract Initiative Emploi)은 1995년부터 시행되었으며 기업에서 50세 이상 26세 미만의

---

64) 치매: 정신지체는 주로 지능의 발육이 늦거나 정지된 것인 데 대하여, 치매는 병 전에는 정상적이던 지능이 대뇌의 질환 때문에 저하된 것을 말한다. 치매의 전형적인 것은 대뇌 신경세포의 광범위한 손상이며 기질(器質)치매라고 한다. 그 밖에 노인치매, 매독에 의한 진행마비 또는 간질 대발작의 반복으로 일어나는 간질치매 등이 있다.

구직자 장기실업자 장애인 등 취업 곤란자를 채용할 경우 사회보험의 사업주가 부담분 일부를 면제하여 주는 제도이다.

또한 50세 이상 근로자를 경제적 이유로 해고할 경우 세금을 부과하는 해고 과세제도 등도 고용촉진정책으로 활용하고 있다. OECD 국가들과 마찬가지로 프랑스도 인구의 고령화가 급속히 진행되어 2005~2010년부터는 노동력이 감소하고 노령연금의 재정적자가 급격히 증가할 것으로 전망되고 있다 더욱이 프랑스의 경우 1970년대 중반부터 급격히 증가하는 실업문제에 대처하기 위해 고령자의 조기퇴직을 적극적으로 유도한 결과, 현재는 OECD 국가들 중에서 55세 이상 고령자의 고용률이 가장 낮은 국가에 속할 정도로 문제가 심화되었다. 프랑스 정부도 문제의 심각성을 인식하고 1990년대 말부터 조기퇴직 유도제도를 축소하고 노령연금개혁 등을 통해 퇴직을 지연시키며 고령자의 고용을 확대하는 정책을 추진해 오고 있으며, 이자숙·김기복·최영복(1997)에 따르면 고령자 지원정책을 크게 3세대로 다음과 같이 구분할 수 있다.

① 1950년대까지: 이 세대의 고령자 일자리의 핵심은 고령자 노동력을 활용하여 고령자 고용을 위한 경제활동을 권유한 단계로 본인 스스로 일을 해야 한다는 생각을 강조시켰다.

② 1960~1990년도까지: 고령자의 고용정책법을 다양화함으로 실질적인 노인 일자리 창출에 정부가 주도적으로 방향 설정을 하게 되는 단계로, 특히 생산체계에서의 퇴출을 체계적으로 지향하는 제도를 사용하게 된다.

③ 1990~현재: 고령자 고용을 위해 조기퇴직의 억제, 고령자의 계속적인 고용유도 고령자에게는 본인과 가족을 위해 고용주에게

는 국가와 사회를 위해라는 슬로건을 내걸고 고령자 여러 가지 고용촉진법을 제정하여 시행하고 있다. 국가가 개입은 하지만 고령자를 위한 특별한 정책보다는 고용취약 계층의 일부를 파악하여 우선순위를 부여하는 방식으로 정부가 일자리를 공급해 주고 있으며, 최근에는 다음과 같은 법을 시행하고 있다.

ㄱ 연령차별금지법을 시행하고 있으며 고령자는 민간기업 고용지원정책과 공공부분 고용지원정책(CES)의 대상으로 선정하여 관리 지원하고 있다.

ㄴ 채용 중 해고방지를 위해 해고 시 실업보험 특별기여금(Delalande)을 고용주에게 부과하도록 하는 법을 개정하여 시행하고 있다.

ㄷ 또한 조기퇴직제도가 운영되고 있으나 조건의 엄격성을 강화시켜 조기퇴직을 원천적으로 지향하는 제도를 시행하고 있다.

이러한 여러 가지 법적 제도를 통한 고령자 취업촉진 등 일자리창출에 정부와 국가가 다양한 법적 제도화를 추진하고 있으며, 특히 고용주의 인식변화와 법적 제도를 통해 많은 고령자를 사회로 귀환시키는 일에 노력하고 있다.

4) 노인건강보장 및 지원정책

(1) 주택복지 서비스

1982년 프랑스 인구보고서에 의하면 65세 이상 노인 가운데 94%가 개인주택에서 살고 있었고, 이 가운데 30%는 혼자, 4%는 배우자와 둘이서, 24%는 다른 사람과 함께 살고 있었다. 60세 이상 천만 명이 넘는 노인 가운데, 8만 7,840명은 노인보호주택(sheltered housing)에서, 30만 2,180명은 노인홈(old-age home)에서 살고 있었다. 노인홈에 살고 있는 노인 가운데 9만 3,500명(30%)이 병원서비스를 받고 있다.

노인들을 위한 프랑스의 전통적인 노인시설 보호서비스로는 의료사회기관과 병원서비스의 두 가지 형태가 있는데, 2개 모두는 주 정부(CRISMS, the Regional Commission of Social and Medico-Social Institution)에서 정한 1일 서비스 사용료를 입주자들로부터 받고 있다. 노인보호주택(sheltered housing)에서 살고 있는 노인은 약간의 월 사용료를 지불한다. 의료사회기관과 장기체류병원(long-stay hospitals)에서는 입주자가 숙박과 식사비를 따로 지불하고 의료비용은 의료보험에 의하여 부담되는데 이러한 의료비용 부담은 기관과 병원에 따라 각각 다르다.

만약 노인입주자가 숙박비와 식사비를 지불할 능력이 없을 경우에는 정부의 사회보장금이 그 비용을 부담하지만, 정부는 되도록 노인의 가족에게 이 비용을 받으려고 노력한다. 장기체류병원을 제외한 모든 병원에서의 의료비용은 의료보험에 의해 지불된다.

노인보호주택65)에서는 입주노인들에게 식사, 세탁, 청소 등 서비스 이외에도 그들의 신체적 또는 정서적 조건에 부합되는 각종 취미오락프로그램까지 운영함으로써 고령의 노인들이 생활하기에는 안성맞춤의 시설이다. 노인보호주택은 건강상태가 양호하나 각종 보호를 요하는 노인을 입주대상으로 하기 때문에 이곳에서는 의료와 요양보호를 제공하게 되었다. 다양한 형태를 갖춘 노인보호주택이 등장

---

65) 노인보호주택: 프랑스 정부에서 1970년대부터 고령자에게 지급해 주는 정부주관 시설보호주택이다.

하게 되었는데 아파트 형태에서부터 단독주택 형태까지 다양하다. 노인홈(old-age home, les maisons de retraite)에 대한 프랑스 정부의 정책은 해당지역 사회환경에 통합된 소규모 주택 제공에 목적을 두고 있다. 법에 의하여 노인홈 입주자는 운영에 직접 참여하고 있는데 민간단체가 운영하는 노인홈의 경우는 입주자들로 구성된 주택관리위원회(House Council)에서, 공공기관에서 출자한 노인홈은 행정위원회(Administrative Council)에 의해서 운영에 참여하고 있다.

(2) 교통편의 서비스

지역에 따라 약간의 차이는 있으나 60세(어떤 지역에서는 65세) 이상의 노인은 무료 또는 20~80%까지 할인된 요금으로 버스를 이용할 수 있으며, 이러한 서비스의 이용은 주로 저소득층의 노인을 대상으로 하고 있으며, 이가옥 외, (1994)에 따르면 다음과 같다.

① 철도여행: 60세 이상 프랑스 노인은 교통체증시간을 제외하고 모든 철도요금의 50%를 할인받고 있는데(Carte Emeraude), 이 제도는 국영철도회사(National Rail Company, SNCF)에 의하여 운영되고 있다. 노인에게 제공되는 철도요금 할인정책이 기타 여러 도시에서도 동시에 실시되고 있다.

② 항공여행(Carte Retraite): 60세 이상의 노인이 프랑스 항공사(Air France)를 이용할 경우 해외여행까지를 포함해서 항공요금의 25% 할인혜택을 받으며, 국내 여객기의 경우는 항공요금의 25~50% 할인혜택을 받고 있다.

③ 전화: 혼자 사는 65세 이상의 노인 가운데 무각출 노령연금을 받는 자는 무료로 전화설치 서비스를 받고 있지만 노인이 사용

한 전화사용료에 대해서는 할인혜택을 받고 있지 않다. 신체장애 노인을 위한 특수전화장치 서비스가 무료로 제공되고 있는데 이러한 서비스는 PTT가 재정 및 운영책임을 맡고 있다.

④ 경보장치: 65세 이상 저소득층 노인은 경보장치[66]를 설치할 때 도움을 받을 수 있는데, 이러한 서비스는 지역의 자선단체가 재정지원과 운영을 책임지고 있다. 지역정부와 PTT[67]가 함께 공동으로 저소득층의 노인을 대상으로 전화경보시스템을 제공하고 있다.

(3) 여가활동 및 교육프로그램

① 여가 프로그램

노인을 위한 여가활동 프로그램들이 활성화되어 있는데 요즘 시행 중인 몇 가지를 살펴보면 다음과 같다.

㉠ 연극과 연주회: 사업주의 재량에 EK라 보통 입장료의 20% 할인 혜택을 노인에게 주고 있다. 노인철도카드(SNCF Carte Vermeil, senior rail card) 혜택을 받는 노인도 연극입장료의 일부 할인혜택을 받고 있다.

㉡ 영화: 노인철도카드를 소지한 노인은 가끔 영화입장료의 할인 혜택을 받고 있으며, 이러한 할인혜택 범위는 영화관에 따라 다르다.

㉢ 화랑과 박물관: 60세 이상 노인과 조기퇴직자는 국립박물관의

---

66) 경보장치: 노인 주거 시 응급상황이나 연락이 필요하면 경비실 및 경찰, 병원 등으로 자동연락 시스템이다.
67) PTT: 체신청 – 신체장애노인을 위한 각종 전자서비스 제도

경우 입장료의 50% 할인혜택을 받을 수 있고, 신체장애자나 국
가보훈대상자는 무료로 박물관을 이용할 수 있다. 파리시에 거
주하는 60세 이상 저소득층 노인은 파리에 있는 박물관과 루브
르(Louvre) 박물관을 무료로 이용할 수 있다.

ㄹ 텔레비전: 60세 이상 혼자 사는 저소득층의 노인이나 신체장애
노인은 텔레비전 시청료를 면제받고 있다. 이 제도는 체신청(PTT)
이 재정지원과 운영책임을 맡고 있다.

ㅁ 휴가: 퇴직자는 퇴직·의료보험제도로부터 혜택을 받을 수 있
다. 이러한 혜택은 개인과 지역에 따라 다르다.

ㅂ 스포츠: 노인에게 주어지는 혜택범위는 사업주에 따라 매우 다
양하게 실시되고 있다. 65세 이상 노인은 이 제도의 혜택을 받
을 수가 있으며 지역정부에 의해서 관리되고 있다.

② **교육 프로그램**

프랑스 정부는 노인들의 여가활동 활성화를 위해서 많은 투자를 하
고 있다. 노인들의 여가활동을 돕기 위해서 설치·운영되는 시설 중
에는 제3세대 대학(University Traisieme Age), 노인여가대학(University
Temps Disponible) 등이 있는바 이러한 시설은 프랑스 어느 도시에서
나 어렵지 않게 찾아볼 수 있다. 제3세대 대학은 주로 큰 도시에 분포
되어 있고, 노인여가대학은 인구가 그리 많지 않은 읍·면(Commune)
단위에서 흔히 찾아볼 수 있다. 프랑스에서는 전국적으로 이와 같은
노인대학이 600여 개소가 개설되고 있는데, 앞으로 계속 증설되어 나
갈 것이라고 본다.

프랑스의 대부분 지역에 있는 노인들은 노인대학(University of the

third age, The Universite de Troisieme Age, Uta)에 참여할 수 있다. 노인대학의 수업료는 일반적으로 매우 저렴한 편이다. 노인대학은 1973년 Pierre Vellas에 의하여 Toulouse에 처음 설립되었으며 Toulouse 노인대학은 처음에는 체육, 요가, 도보(walking), 과학 예술 및 여행 등과 관련된 문제들에 대하여 매주 1번씩 강의를 듣고 또한 토론회도 개최한다. 이러한 노인대학은 이후 프랑스 전역에 매우 빠른 속도로 전파되었고 지금은 유럽전역으로 확산되고 있다. 프랑스 노인대학[68] 참여노인에 관한 한 연구자료에 의하면 노인대학 회원의 75%가 중산층의 노인인 것으로 밝혀졌다.

③ 의료 서비스

프랑스의 국가안전사회부(The Ministry of Social Arrairs and National Solidarity)는 의료, 병원, 사회적 서비스와 사회안전에 대한 책임을 맡고 있는 부서로 이곳에는 의료담당장관과 노인담당장관이 공적 의료를 담당한다. 의료서비스는 고용자와 피고용자의 각출금에 의한 사회보장제도에 의하여 재정 지원되고 국민의 99%가 이 사회보장제도에 의하여 광범위한 의료혜택을 받고 있다. 병원보호는 공공병원과 소규모의 민간병원, 또는 비영리법인이 운영하는 병원에서 제공되고 있다.

일반적으로 가정 의사는 개인병원업에 종사하고 있으나 이들은 국가의료보험제도와 계약을 맺고 있다. 지역자치정부는 국가보험을 통한 기금으로 의료센터를 설치할 수 있다. 환자들은 진료비를 먼저 지불하고 의료보험기금을 통하여 지불한 진료비의 75%를 나중에 환불

---

68) 노인대학: 노인이 가정과 교회, 그리고 이웃의 일원이란 공동체의식과 그 속에서의 자기 위치를 다져나가는 방식을 배우게 하는 제도이다.

받는다. 만성질환자나 사회로부터 공적부조를 받고 있는 사람은 무료로 의료서비스를 받고 있다. 일반적으로 병원에서 치료를 받을 경우에는 총 진료비의 20%만 지불하면 되지만 많은 노인들은 이 진료비로부터 면제를 받고 있다.

④ 시설보호 서비스

장애노인을 위한 소규모 노인시설보호 서비스는 아직 초기 실험단계에 있으며, 그 서비스 내용은 유성호(1999)에서 살펴보면 다음과 같다.

ㄱ 켄타우(Cantou): 치매노인 환자를 위한 소규모 노인보호시설로 이러한 Cantou에는 노인과 그 가족이 함께 살 수 있도록 되어 있다. 가족은 이 프로젝트에 적극적으로 참여하고 있는데 이것은 1977년 설립되었다.

ㄴ 마파드(Mapad): 40~80세대로 구성된 중간규모의 노인보호시설로 이 시설은 주로 신체적·정신적 장애노인을 입주대상으로 한다.

ㄷ 마르파(Marpa): 7명에서 최대 수용인원 20세대 정도가 입주할 수 있도록 구성된 소규모 노인보호시설로 주로 시골지역(최대인구 1,000명 거주)에 거주하고 있는 노인을 입주대상으로 삼고 있다.

ㄹ 준의료종사자(paramedical care)에 의한 보호: 재가환자 노인을 위한 것으로 프랑스 수도인 파리시의 병원침상 부족현상에 대응하기 위한 방안으로 1970년대에 시작되었다.

ㅁ 포스테드데코도네터(Poste de Coordonateurs): 재가보호와 시설보호 사이에서 일하는 조정자 역할을 하는 조직망이다. 이 프로그램 역시 지역정부로부터 사업비 보조를 받고 있다.

ㅂ 영리를 목적으로 하는 민간단체에서 노인을 위한 시설 서비스

사업에 투자하는 것으로 이들은 특히 의료서비스를 요하지 않
는 건강한 노인을 대상으로 하는 사업에 관심을 갖고 있다.

ⓐ 몇몇 일반호텔, 개인집과 가족호텔들이 노인을 위한 보호시설
로 전환되었으며, 이곳의 입주자는 지속보호를 받고 있다. 이러
한 보호시설은 국가 또는 지방자치단체가 정한 법 테두리 안에
서 운영된다.

⑤ 말기환자를 위한 보호서비스

프랑스에서는 일반 종합병원이나 호스피스에서 임종 말기환자를
위한 보호시설을 제공하고 있다. 종합병원에서는 각종 병을 앓고 있
는 말기환자들에게 보호 서비스를 제공한다. 프랑스에서는 말기환자
를 위한 보호(terminal care)가 일반적으로 잘 발달되어 있으며 서비스
면에서 영국과 매우 흡사하다. 프랑스의 호스피스는 종종 종교단체에
의하여 설립·운영되어 왔으며, 말기환자를 위한 보호 뒤에는 임종에
가까운 환자에게 신체적, 의료적, 감정적, 정신적으로 그들을 보호하
여 죽음으로 부터의 공포를 감소시켜 주는 일이다.

6. 이탈리아(Republic of Italy)

1) 이탈리아 노인복지정책의 발달과정

이탈리아는 인본주의를 최우선으로 하는 사회복지제도를 구상하
는 나라이며 인간의 자유와 존엄성을 중시하는 사상이나 이론체계의
법으로 제정하여 노인복지를 실천하는 모범국가로 인간으로서 당연

히 갖추어야 할 자세 또는 인간을 인간답게 하는 본성을 옹호하고 실현하려는 입장을 확고히 하는 나라이다. 인간을 중요시하는 휴머니즘은 이러한 인간성 존중의 태도를 포함하는 것을 모두 가리키지만, 14세기 말부터 인간존중의 휴머니즘을 강조해 왔으며 본 휴머니즘은 이탈리아에서 기원하여 유럽의 다른 나라들로 확산된 이래 근대문화의 요소들 중 하나를 형성한 철학 및 문화운동을 가리킨다. 휴머니즘은 인류역사에 있어 사회와 국가조직 및 학문과 문화가 성립되어 있던 곳이라면 어디서든지 발견할 수 있다.

국가 및 사회의 여러 제도들이 형성되면 지배와 피지배, 객관적 제도와 개인적 욕구 사이에는 괴리와 갈등이 생기기 마련이고, 거기에서 비롯되는 인간성에 대한 왜곡과 억압에 저항하는 흐름이 존재할 수밖에 없기 때문이다. 이러한 각 시대의 인간성 존중, 인간해방의 사상은 그 시대 인간성의 완성과 인간적 교양의 원동력으로 작용했다.

임금종속 노동자들의 경우는 연령과 보험료 납부기간이 연동하는데, 1998년에는 몇 세에 이르고 36년 동안 보험료를 납부해야 하고 2008년에는 57세에 이르고 40년 동안 보험료를 납부한 후에 연금을 수령할 수 있다. 이로써 디니 정부는 1998년까지 전체 재정절약의 70%에 해당하는 23조 6천억 리라를 절약하고, 1996년부터 2005년까지는 매년 GDP의 0.6%에 달하는 108조 리라를 절약하는 것을 목표로 하였다.

1997년 Onofri 위원회[69])는 1995년 시도된 연금제도 개혁을 강화하는 방안을 내놓았다. 그 내용의 골자는 공적구제와 사회보장의 완전

---

69) 오노리프위원회: 1997년 오노프리(Onofri)가 결성된 이탈리아 복지단체로서 연금제도 개혁단행

한 분리, 다양한 연금기금들의 통합과 재조정, 납부방식의 신속한 정착, 노령연금의 엄격화, 자영노동자의 보험료 인상 그리고 보험료 축소를 반대급부로 한 연금수령 최소연령의 상향조정이었다. 중도－좌파정부의 이러한 시도는 노조 및 재건공산당과의 협상을 통은 재정균형과 불평등 시정을 기본목표로 그은 11월에 다음과 같이 확정되었다.

① 공공부문과 민간부문의 연금보험료 납부기간을 35년으로 통합하고, 연금수령 최소연령은 57세로 통합하되 민간부문에서는 2002년부터 시작하여 공공부문에서는 2004년부터 적용하였다.

② 자영노동자의 보험료를 19%까지 점진적으로 인상하였다.

③ 교수, 관료, 비행사, 중앙은행직원 등을 위한 특별기금을 일반노동자 기금에 적용하였다.

④ 연금인상의 물가인상에 따른 연동을 3년간 축소하고, 연금최고 수령액의 물가에 대한 연동을 1년간 동결하였다.

⑤ 새 연금수령의 3개월 유예: 교원은 1년으로 하였다.

이 개정을 통해 정부는 1998년부터 2001년까지 매년 GDP의 0.2%를 절약하는 것을 목표로 하였다. 이 개정은 관료를 비롯한 공공부문의 특권을 폐지한다는 점에서 큰 의미를 가지나, 자영노동자의 부담액을 일괄적으로 인상함으로써 비정규직과 같은 비정형노동자들에게 불리하게 작용하는 등 대체로 연금조건의 악화를 결과하는 문제점을 안고 있다. 그러나 이 개정을 통하여 노인복지의 재원을 확보하여 노인복지에 많은 재원을 재정하여 노인복지정책을 활발히 진행시키기 시작하였다.

1997년 협약은 제502조와 제517조를 통해 보건의료기구의 민영화와 기업이념을 도입하여 보건기구 간의 경쟁을 통해 기업화하려는 시도를 관철하였다.

이후 노인복지연금 및 복지프로그램을 개발하여 지속적인 노인복지향상에 정부가 주도하고 있다. 휴머니즘은 고대 그리스와 로마의 문학·수사학·웅변술·철학에 대한 연구를 통해 중세를 지나면서 상실했던 자유정신의 재생(renaissance)을 목표로 하는 것이었다. 이러한 사상운동은 앞서 언급한 대로 14세기 이탈리아에서 시작되었는데, Dante[70] Boccaccio 등이 대표적인 선구자들이다. 특히 이 시기에 인문주의자들의 활동은 메디치가(家)를 비롯하여 피렌체의 여러 유력 가문들의 적극적인 후원을 받으며 인간의 삶의 질을 높여 가는 사회복지정책을 발달시켜 오고 있다. 김용택(1996)에 따르면 주요 정책들은 다음과 같다.

① 아마토[71] 정부는 민간부분 은퇴연령은 여성의 경우 55세에서 60세로, 남성의 경우는 60세에서 65세로 2002년까지 점차적으로 상향하였다. 아마토의 시도는 1993년 고용 및 소득정책에 대한 합의의 도출로 이어졌고, 1996년 프로디 연정 하에서는 일자리를 위한 협약, 그리고 1998년에는 달레마 수상 하에서 크리스마스협약이 맺어졌다. 이탈리아의 1993년 GDP 대비 사회비 지출(25.8%)은 유럽연합의 평균(28.5%)보다 낮지만, 연금이 사회

---

70) 단테: 호메로스, 셰익스피어, 괴테와 더불어 세계 4대 시성 중 한 사람으로 이탈리아가 낳은 전무후무한 세계 최고의 시인이요, 위대한 사상가였고 활동적인 정치가에 종교 명상가였다. 그는 전 인류의 영원불멸의 거작으로써 인간이 만든 가장 위대한 시의 노래(신곡: Divina Commedia)를 자신의 조국 이탈리아에 바쳤다. 그의 작품은 중세정신을 종합하여 문예부흥의 선구자가 되었고 오늘날 인류가 지향해야 할 하나의 보편적 목표를 제시하고 있다. 그는 산타크로제 수도원에서 문법, 논리학, 수사학, 산술학, 음악, 기하학, 천문학을 교육받았고, 프랑스어, 음악, 춤, 노래, 그림, 법률 등에도 조예가 깊었다.

71) 아마토: 이탈리아의 정치가. 1992년 총선에서, 총리가 되었으나 1993년 심각한 정치위기로 인해 물러났다. 2000년 초에 이탈리아의 집권중도좌파 연립정부의 총리로 지명되었다.

복지비에서 차지하는 비중은 GDP 대비 15.4%로서 유럽연합 평균은 11.9%보다 훨씬 높다. 이러한 개혁에도 불구하고 재정적자는 계속 상승하였고 연금적자가 악화되고 IMF, OECD 및 EU 등 국제기구의 압력이 거세짐에 따라 이탈리아 정부는 1993~1994년보다 포괄적 개혁을 추진하였다.

② 1993년, 보충연금의 수혜자격이 강화되었다. Chiampi 정부는 당시 사회에 만연된 연금의 허위수령을 방지하기 위해 노령연금에 대해 새로운 규제를 도입하고 장애연금의 수혜조건을 강화하였던 것이다.

③ 1994년, 베루스코니(Beriusconi)[72] 정부는 은퇴연령을 점차로 늘리는 동시에 모든 노령연금 혜택을 동결시키려 하였다. 이에 노조는 정부와 새로운 광범한 개혁을 논의하기 시작하여 1995년 디니 정부는 새로운 개혁안을 노조와 합의하는 데 성공하였다.

④ 1995년, 새로운 합의는 먼저 "2013년부터 연금제도는 소득연계 형식에서 기여중심 형식으로 전환한다." 그리고 "2008년부터 유연한 은퇴연령(65~67세)제를 도입한다. 더불어 장애연금 및 노동소득 수령액, 그리고 수혜자에 대한 규제를 점진적으로 강화한다"이다.

2) 노인복지 정책방향

1970년 전체 이탈리아 인구 중 65세 이상 노인이 차지하는 비율이

---

[72] 베를루스꼬니(Beriusconi): 이탈리아의 기업인 · 정치인이다. 1994년, 2001년 총리를 지낸 데 이어, 2008년 5월부터 다시 총리로 재직 중이다.

10.9%였고, 1975년 12.0%, 1990년에는 14.6%로 증가하였다. 2020년에는 19.8%로 또한 2025년에는 24.1%로 증가할 것으로 예상된다. 특히 전체 노인인구 중 고령 후기 노인이라 할 수 있는 80세 이상의 노인 인구는 1970년에는 1.8%에 지나지 않았으나, 1990년에는 3.2%로 늘어나서 20년간 노령인구 증가추세는 약 1.8배에 달하였고, 2010년에는 5.8%, 2025년에는 7.5%로 계속 증가할 것으로 예견되고 있다. 헌법에 의거하여 모든 국민은 사고, 부상, 노령, 실직으로 일할 수 없을 경우 사회보험 혜택을 받는다.

이탈리아에서는 특히 노인을 위한 서비스의 기본방향은 유럽의 다른 나라와 같이 시설보호 서비스에서 지역사회보호서비스로의 전향을 목적으로 하는 탈시설화 시책을 지향하고 있다. 이와 동시에 의료보호 및 일상생활에 도움이 필요한 노인들을 위해 지속적인 시설보호 서비스는 계속 추진되고 있다. 이탈리아 사회보장제도는 INPS (Instituto Nazionalc dela Previodernas Sociate)[73]로서, 이를 통해 종합적인 연금체제를 제공한다. 일반근로자의 수입과 관련된 연금과 공무원, 전문직 종사자와 자영인을 위한 특별연금제도가 있다. 직장과 관련된 연금은 근로자 및 고용주의 각출금과 정부의 재정지원에 의해서 운영되고 있다.

연금의 혜택을 위해서는 적어도 15년 이상 연금보험에 가입하여야 하며, 남성은 60세, 여성은 55세 이상이어야 연금을 받을 수 있다. 그러나 35년 이상 보험에 가입한 경우에는 연령과 무관하다. 이 외에도 최저연금이 있는데 생활보조연금보다는 혜택의 범위가 크다. 이탈리

---

73) INPS: 이탈리아 국가사회보험기구

아 노인연금 수납자의 75~80%가 최저연금의 혜택을 받고 있다.

〈표 22〉 이탈리아 사회복지비 지출의 구성

사회 복지 지출							
	1985	1990	1992	1994	1995	1996	1999
보건의료	5.3	6.1	6.3	5.7	5.3	4.9	5.0
연금	11.4	12.1	13.3	13.8	13.8	14.0	14.6
기타 사회보장	3.1	2.8	2.8	2.8	2.7	1.6	1.7
공적부조	1.5	1.7	1.7	1.8	1.7	1.6	1.4
복지비 전체	21.3	22.7	24.2	24.2	23.3	22.1	22.8
(GDP에 대한 백분율)							

(자료. Rassegna Sindacale, Italy, 2003)

또한 이탈리아에서는 장애의 정도에 따라 지급되는 완전 및 부분 장애자 수당이 있다. 이탈리아는 노인에게 다양한 시설보호서비스를 제공하고 있다. 이러한 시설보호서비스는 비영리 공공단체 및 영리, 비영리의 민간업체에 의하여 설립·운영되고 있다. 이탈리아에서 사용하는 사회 지출비는 <표 22>에서 보듯이 1999년도 현재 전체 GDP 기준 23% 정도를 지출하고 있다. 선진국에서도 적지 않은 편이며 제공되는 시설보호서비스도 잘 되어 있다. 크게 노인홈, 노인보호주택, 호텔하우스 그리고 의료휴양시설로 나누어 볼 수 있다.

노인홈은 지방자치의 자급자족하는 시설보호서비스 및 문화, 오락 서비스를 제공하는 동시에 숙박이 가능한 시설이다. 노인보호주택은 몸이 불편한 노인을 대상으로 그들에게 필요한 보호서비스 및 재활서비스를 제공하는 노인거주시설로서 지방자치제에서 운영하고 있다.

Craxi[74] 당수 이후 중도화하면서 자본의 상대적 약세는 1980년대 경제발전의 가속화를 통해서야 비로소 극복되기 시작했다. 특히 최근 노인복지정책에 많은 분야에서 관심을 기울이고 있으며 많은 재정지원과 각종 프로그램개발에 힘을 쏟고 있으며 탈시설화에도 제도적으로 지원 중이다.

3) 고령자 고용지원정책

이탈리아에서는 '80대 재혼'이 더 이상 깜짝뉴스가 아니다. 노인들도 20대 못지않은 정열과 희망을 갖고 인생 이모작의 핑크빛 삶을 설계하는 것이 붐이다. 몇 년 전부터 한국에서 이슈가 된 '황혼이혼'은 유럽과 이곳 이탈리아에서는 이미 십수 년 전에 나타난 현상이다. 그러므로 황혼이혼에 이은 '황혼재혼'이 새로운 사회현상으로 자연스럽게 자리 잡고 있는 것이다. 2006년 결혼한 이탈리아 부부 중 28%가 신랑, 신부 중 한 사람이 60세를 넘겼다(그중 80%가 신랑이다). '이탈리아 제3세대 관측소'가 발표한 2006~2007년 보고서에 따르면, 해마다 1만 6,000쌍이 황혼이혼을 선택하고 5,000쌍 이상이 황혼결혼식을 올린다. 식만 올리지 않았지 정식부부나 다름없는 사실혼 부부도 상당하다고 한다.

이처럼 가정을 존속해 나가기 위해서는 경제적 바탕이 있어야 하므로 노령 후 계속적인 직업을 유지하는 데 그 중요함이 더하고 있다. 이탈리아인 평균수명은 여성 83.7세, 남성 77.8세로 일본과 세계 1, 2위를 다툰다. 평균수명의 증가로 65세는 여생을 정리하는 때가 아니

---

74) 크락시: Bettino Craxi 1934~2000년 이탈리아 정치가. 밀라노 대학을 중퇴하고 이탈리아 사회당 활동에 전념하였다. 1956년부터 당내 자립파를 대표하는 『에네루지에 누오베』잡지에 협력하였다. 1957년 당중앙집행위원, 68년 하원의원, 76년 당서기장, 77년 사회주의 인터내셔널 부의장을 거쳐 83년 7월 기독교민주당·민주사회당·공화당·자유당과의 연립내각수반으로 선출되었고 87년까지 집권하였다.

라 적어도 20년 이상 인생을 즐길 수 있는 나이라는 인식이 넓게 퍼졌다. 이탈리아어로 '제3세대'라고 불리는 60세 이상 노인들은 손자 돌보기 외에 자원봉사 활동도 열심히 하고 각종 취미클럽, 동네노인정 모임 등에 빠짐없이 참여한다.

이탈리아의 노인복지 근본에는 사회적 협동조합이 있었다. 사회적 협동조합은 기존의 협동조합이 갖고 있었던 구성원들 간 이익을 위한 활동에 정부의 부족한 사회복지 정책과 결합해 행동의 범위를 지역사회 전체의 이익으로 확대한 것이다. 또한 사회적 협동조합들은 경제불황으로 발생한 '신빈곤층', 다시 말해 가족문제를 포함하는 고령자문제를 해결하고 고령자 일자리 창출을 위한 협동조합이라고 할 수 있다.

이탈리아 고령자정책의 특징은 국가의 개입정도가 매우 낮으며, 전통적으로 교회를 중심으로 발전된 자발적 복지서비스가 공적 사회보장제도와 결합해 있다는 점이다. 현재는 고령자 고용을 위한 정책을 시도하고 있으며, 일본무역진흥기구(2009)에 따르면 다음과 같이 정리하고 있다.

① 정년퇴직 연령 상향조정이다(60세에서 65세로 인상).

② 연령차별을 금지하는 법이다.

③ 조기 퇴직 시 연금액을 삭감하는 반면, 정년 이후에도 계속 일하는 경우에는 연액을 높여 주어 노동시장에 오래 남아 있을 수 있는 제도이다.

④ 노동시간단축, 귀휴제도에 임금보전과 고용주의 노동비용에 대한 지원이다.

⑤ 정부는 2009년 6월 26일, 기업 고령자 고용대책의 법안 패키지

를 각의 결정하였으며 2012년까지의 4년간에 총액 62억 유로,
고령자를 위한 고용주 법인감세와 고용유지에 관한 우대조치가
포함되어 있다.

이탈리아에서는 노인을 위한 서비스의 기본방향은 유럽의 다른 나
라와 같이 시설보호서비스에서 지역사회 보호서비스로의 전향을, 즉
고령자의 고용을 목적으로 하는 탈시설화[75] 시책을 지향하고 있다.
이와 동시에 의료보호 및 일상생활에 도움이 필요한 노인들을 위해
지속적인 시설보호 서비스는 계속 추진되고 있다. 이탈리아 사회보장
제도는 INPS(Instituto Nazionalc dela Previodernas Sociate)로서, 이를
통해 종합적인 연금체제를 제공한다. 일반근로자의 수입과 관련된 연
금과 공무원, 전문직 종사자와 자영인을 위한 특별연금제도가 있다.

직장과 관련된 연금은 근로자 및 고용주의 각출금과 정부의 재정
지원에 의해서 운영되고 있다. 연금의 혜택을 받기 전에 55세에서 65
세까지의 고령자 고용촉진정책을 전개하고 있으며, 종합적 연금체제
를 통한 안정적인 기반 위에서 일자리를 찾고 있다.

4) 노인건강보장 및 지원정책

(1) 노인보장제도 및 특성

이탈리아 사회정책의 특징은 국가의 개입정도가 매우 낮으며, 전
통적으로 교회를 중심으로 발전된 자발적 복지서비스가 공적 사회보
장제도와 결합해 있다는 점이다. 이러한 특징은 19세기 길드조직의

---

75) 탈시설화: 여러 가지 사회적, 경제적 원인들이 복합적으로 작용하여 사회에서 노인이나 장애인 등 생활
보호자를 사회로 환원 및 수용하자는 제도로 시작

성격을 가진 노동자 상조회(Società operaie di mutuo soccorso, 공제조합)의 활동에 연원하였다.

19세기 중반에 생겨난 이탈리아의 노동자 상조회는 일반적으로 종교적 성격을 띤 경우가 많았으며 부자와 귀족들로부터 재정지원을 받았다. 상조회의 수익은 대개 병자, 노인, 과부와 고아 및 상사나 불의의 사고를 당한 사람들을 지원하는 데 사용되었다. 당시 상조회는 지역별로 조직되었고 현재에도 당시의 성격을 유지하는 조직이 있으나, 많은 부분 직업별 조직으로 전화하면서 노동조합의 맹아가 되기도 하였다.

반면 2차 대전 종전 후에는 이탈리아의 정당지배 체제가 형성되고 재생산되면서 정치계급의 헤게모니가 시민사회의 다양한 잠재적 능력의 표출 가능성을 제약하면서 여러 사회집단들과 국민들의 후견주의적 국가의존성이 초래되었다. 사민주의[76] 국가에서의 국가의존성이 제도화된 사회보장체계와 국가사회정책에 대한 국민들의 일정한 신뢰와 노동운동의 의회주의적 전략에 기인하는 것으로 국가 사회주의적이라면, 이탈리아의 국가의존성은 사회보장제도가 정착되지 않은 상황에서 정치인들이 권력의 유지를 위해 유권자들에게 수혜를 베풀고 국민들은 경제적 곤궁을 해결하는 수단으로 국가의 공적자원에 의존하는 후견주의적 성격을 띤다.

이탈리아 사회국가는 공적체계의 미비뿐 아니라, 유럽국가의 복지

---

76) 시민주의(市民主義, civicism)는 시민의 적극적인 참여 증가를 위해 정부가 주도적으로 시민의 덕성을 함양해야 한다는 진보주의적 공동체주의를 말한다. 즉 이기적 인간들은 공공재적 성격을 띤 참여를 기피하므로, 기본권이 위협받을 때 나서서 싸우고, 국가와 사회를 위해 헌신하고 희생하며, 불우한 이웃을 돌보는 덕성을 지닌 이타적이고 헌신적인 시민을 정부가 앞장서서 양성해야 한다는 것이다. 사회공동체의 문제를 자원봉사자들의 자발적 헌신에 의해 해결하자는 신우파적 공동체주의, 즉 자원봉사주의(自願奉仕主義, volunteerism)와 대비된다.

국가 궤도에는 진입하지 못했다. 독일과 스웨덴의 복지체계가 모든 국민에 대해 연대주의의 원칙에 따라 공평하게 복지혜택을 제공하는 '보편주의적－평등주의적' 모형이라고 한다면, 이탈리아의 복지체계는 수혜자의 직업 지위에 의해 혜택 여부와 내용이 결정되는 '특수주의적－업적주의적' 모형이라 할 수 있다. 이러한 특성은 이탈리아의 복지체계가 사적 체계의 비중이 높은 '조합주의적－포괄적' 성격을 띠는 이원구조를 가지고 있음을 짐작케 한다. 특히 노인연금과 보건의료는 이러한 이원구조가 현저하게 드러나는 부문이었다.

〈표 23〉 이탈리아 고령자 시설보호 서비스

구분	특징
노인홈	지방자치의 자급자족하는 시설보호서비스 및 문화, 오락서비스를 제공하는 동시에 숙박이 가능한 시설
노인보호 주택	몸이 불편한 노인을 대상으로 그들에게 필요한 보호서비스 및 재활서비스를 제공하는 노인 거주시설로, 지방자치제에서 운영
호텔하우스	독립적으로 생활을 유지할 수 있는 경제적 여유가 있는 노인을 대상으로 주거, 식사, 세탁, 비상의료 등 제반서비스를 제공
의료휴양 시설	주거, 식사, 세탁, 의료 비상서비스, 지역사회 보호서비스 및 사회적 서비스가 제공

(자료: 보건복지부, 2006)

고령자, 신체장애자, 홈리스, 약물남용자, 이민자 등과 관계를 갖고 이들이 사회 경제생활을 할 수 있도록 교육 및 일자리 창출 등의 서비스를 제공했다. 또한 지역별 사회적 협동조합은 농업, 목축업, 상업 등을 영위함으로써, 일자리를 스스로 창출하고 여기서 생겨난 이익으로 공공서비스 및 시설보호시설, 즉 <표 23>에서 보면 노인홈에서 호텔하우스까지 다양하게 요양시설을 갖추고 있으며 공공이익을 재투자하는 방식을 취하고 있다.

(2) 보건의료정책

보건의료도 관할복지제도의 이원구조가 드러나는 부문으로 1990
년대를 지나면서도 여전히 여러 공공기관이 보건의료정책을 담당하
고 있다. 그러나 1943년 의무보건 의료보험이 실시된 후 1970~1980
년대를 거치면서 수차례의 개혁이 있어 왔다. 특히 이탈리아 보건의
료 부문의 개혁은 자본과 기득권층을 한편으로 하고 노조를 다른 한
편으로 하는 힘 싸움의 결과라고 할 수 있다. 노조[77]가 수세기로 돌
아선 1980년대의 개혁시도들은 기득권 부문의 저항에 부딪혀 주목할
만한 성과를 보지 못하였으나, 노조가 대리정당으로까지 성장했고 공
산당의 지지율 상승으로 '역사적 타협'이 이루어졌던 1970년대 말의
개혁들은 적지 않은 성과를 가져왔다.

보건의료정책 및 연금정책과 관련한 세 총 연합의 주장을 구체적
으로 보면 다음과 같은 개혁을 핵심내용으로 하고 있다(CGIL, CISL
and UIL, 1997).

① 연금법은 소속된 연금기금과 무관하게 모든 국민들에게 평등하
   게 적용되어야 한다.
② 보험료의 부담은 기존 수령그룹의 보다 나은 재구성에 적합해
   야 한다.
③ 공적보장과 사적보장이 적절하게 통합되어야 하나, 시장의 논
   리가 아니라 국가적 보장의 보편주의의 원칙에 입각해야 한다.

---

77) 노조: 노동조합의 줄임말로서 노조에 가입한 직원들의 자체단체

④ 보건의료는 예방과 치료 및 회복의 분리를 지양하고 통합된 국가보건체제를 갖추어야 한다.

특히 보건의료정책은 <표 24>에서 보는 바와 같이 사회보장제도로, 진료는 무료로 하며 의료조합이 우리나라보다 발달되어 있음을 알 수 있다. 또한 전국, 주, 지방이라는 3대 행정구역에 따라 자율성과 독자성을 보장받고, 국가는 모든 행정단위의 조정과 지도의무를 지게 되었다. 특히 모든 국민들이 무상으로 전문의의 진료를 받을 권리를 확보한 것은 국가보건기구의 개혁을 통해 확립된 가장 중요한 성과였다.

<표 24> 한국과 이탈리아의 의료보장제도 비교

국가 제도	이탈리아	한국
제도	모든 국민에게 법적 보장과 국가에 의해 관리되는 단일 사회보장형태	범국민 건강수호를 목적으로 한 보건복지부 산하로 통합관리형태
진료형태	의사들 간(일반의)의 '일과 후' 자유의로서 진료업무를 보며 의료조합 소속으로 인두세 방식으로 보수를 받고 있는 환자진료는 무료로 하고 있음.	의과대 출신들로 인한 종합/개인 병원들의 전문의들로 구성되어 진료를 보며 개인병원은 인두세 방식을 취함.
감면제 시행 여부	1993년부터 실시하고 있으며 연간 4천만 리라의 소득이 있는 가족은 무료인 입원비 이외에 경비를 본인의 경제력에 따라 진료를 받는 형태	생활여건이 어려운 계층을 대상으로 한 정부의 방침으로 중증장애인 이상이나 의료보호 대상자들에게 감면제 시행 중
의료조합	국가보건서비스의 창설로 인한 의료조합 신설 1) 기독교 민주 페레르무추 2) 자원봉사조합 이태리연맹	공동체적 생활방식의 생활협동조합과 의료라는 전문적 제도를 결합한 의료생활협동조합 등이 있음.

(자료: 의료보험공단, 2005)

(3) 주택보건서비스

주택보건서비스에 대해 보건복지부(2007)에 따르면 이탈리아의 대표적인 노인시설은 Casa Di Riposo-RM3(Institute of Gerontology)로 이는 로마 시에서 직접 운영을 담당하고 있다. 로마 시는 로마1, 로마2, 로마3 지역으로 구분되어 노인시설을 각 지역 내에서 운영하고 있다. 로마1 및 로마2 지역의 노인시설은 18~20명의 소규모 수용인원을 지니나 로마3 지역에 위치하고 있는 Casa Di Riposo 시설은 수용인원이 175명으로 대규모이다.

이곳의 특이한 점은 시설의 총책임자가 박사학위를 소지한 것을 비롯하여, 시설 주요 당자들이 노인서비스를 제공하는 전문성을 지고 있다는 점이다. 시설에 거주하는 노인은 그들 연금의 70% 및 한 달에 45만 리라(한화 23만 원 정도)를 소요해야 한다. 일반적으로 이탈리아의 사립양로원에서 한 달에 110만 원 정도가 소요된다고 하나 이곳 공립 노인시설은 상당히 저렴한 편이라 할 수 있다.

연금은 두 달에 한 번씩 나오며 연금의 70%는 1백만 리라에서 시작된다. 한편 경제적 비용을 부담할 능력이 부족한 노인의 경우 로마 시에서 이를 전적으로 부담하고 있다. 이곳 시설에 거주하는 노인은 여자가 약 120명이고 남자가 45명으로, 여자노인이 절대 다수를 차지하고 있다. 또한 연령상으로 주로 80세 이상의 노인들이 대부분이다. 이곳에 들어오기 위해서 개인은 먼저 로마시 당국에 신청을 해야 하는데 워낙 신청인원이 밀려 있어 많은 이들이 대기자 명단에 등록되어 있다. 이곳 시설의 종사자는 약 70명으로 이들에게 지급되는 봉급은 로마 시에서 담당하고 있다. 노인전문의 및 각 분야 전문의사가 있으며, 전문간호원, 보조간호원 등이 이들을 보조하고 있다. 이곳은 노인의 다양한 요구에 부응하는 여러 요건을 구비한다. 각 방은 직접 간호원과 연결되는 비상벨, 휠체어 시설 등을 구비하고 있으며, 독자적 욕실과 화장실 등이 있다.

(4) 노인홈 서비스

노인홈은 지방자치의 자급자족하는 시설보호서비스 및 문화, 오락 서비스를 제공하는 동시에 숙박이 가능한 시설이다. 노인보호주택은 몸이 불편한 노인을 대상으로 그들에게 필요한 보호서비스 및 재활 서비스를 제공하는 노인거주시설로서 지방자치제에서 운영하고 있다. 호텔하우스는 독립적으로 생활을 유지할 수 있는 경제적 여유가 있는 노인을 대상으로 주거, 식사, 세탁, 비상의료 등 제반서비스 등을 제공한다. 의료 휴양시설은 주거, 식사, 세탁, 의료 비상서비스, 지역사회 보호서비스 및 사회적 서비스가 제공되는 시설이다.

일반적으로 이탈리아의 사립 양로원에서 한 달에 110만 원 정도가 소요된다고 하나 이곳 공립노인시설은 상당히 저렴한 편이라 할 수 있다. 연금은 두 달에 한 번씩 나오며 연금의 70%는 100만 리라에서 시작된다. 한편 경제적 비용을 부담할 능력이 부족한 노인의 경우 로마 시에서 이를 전적으로 부담하고 있다. 시설 내에는 대규모 식당, 카드오락실, 게이트볼[78]장, 대형 TV를 갖춘 거실 등이 있다. 이러한 부대시설은 양로원에 거주하는 노인뿐만 아니라 인근지역의 일반인들도 이용이 가능한데, 이를 통해 세대 간 교류를 할 수 있는 분위기를 조성한다고 한다. 또한 노인이 생활하기에 각종 편의시설을 배려하고 있다.

---

78) 게이트볼: 구기(球技)의 하나. 프랑스의 크로케를 본떠서 고안된 것이다. 가로 25m, 세로 20m(때로는 20×15m)의 코트에서 각 5명으로 된 2개 팀이 각자의 볼을 T자형 스틱으로 쳐서 3개의 게이트를 통과시켜야 한다.

제2절 일본의 노인복지정책

1. 일본 노인복지정책의 발달과정

1) 지역사회복지의 대두

    1970년대에 이르러 주민의 생활문제가 심각해지고 복지욕구의 변화가 현저해지는 가운데 이에 대응하기 위하여 복지서비스 이념이 발전하게 되었다. 그리고 이에 기초한 다양한 사회복지정책과 지역사회정책이 확대되기 시작하였다. 특히 일본에서 지역사회복지에 대한 관심은 고도경제성장에 따른 산업구조의 고도화로 도시화, 핵가족화 등의 문제를 야기하였고 이로 인하여 가족의 상호부조기능의 저하, 지역사회의 연대성 상실 등이 심각하게 대두하고 지역사회에서 안심하고 더불어 살 수 있는 생활환경이 위협받게 되었다. 생활환경의 어려움은 비화폐적인 욕구를 확대시켜 대인 서비스나 재가복지 서비스의 필요성을 증대시켰으며 정상화 이념의 도입에 따라 더불어 사는 사회와 공생사회라는 지역복지 사상이 성립되었다. 이와 관련하여 주민참가에 의한 지역사회 복지활동이 활발하게 전개되었다.

2) 시설보호 중심의 서비스에서 재가보호 중심의 서비스로 전환

    1960년대 중반 재가보호 중심의 서비스로의 전환을 가져다준 행정시책을 통하여 재택복지가 활성화되기 시작하였다. 노인가정 봉사원

사업의 확대, 신체장애인 상담원 및 가정봉사원 설치, 정신박약자 상담원, 노인사회활동촉진사업 등을 통하여 재택복지의 기반을 갖추어 나갔으며 복지사무소의 서비스 부문을 강화하기 복지 5법 담당공무원이 배치되었다.

시설중심의 시책에 대한 반성과 더불어 시설의 사회와 질적인 충실화가 요구됨에 따라 후생성은 1971년 사회복지시설 긴급정비 5개년 계획을 통해 지역사회복지, 재택복지로의 전환에 대한 체계적인 시책을 마련하게 되었으며 민생위원활동, 사회복지협의회 등에서도 주민참여에 의한 재택복지서비스[79] 제공을 위한 다양한 활동을 전개하였다.

3) 중앙정부에서 지방정부 및 민간참여 전달체계로의 전환

일본에서 지역사회복지정책의 년대별 등장배경은 다음과 같다.

① 경제사회발전계획(1967～1971년)으로 지역사회생활의 장에서 인간성 회복과 풍부한 환경의 창조를 위해 지방의 종합계획정책이 의무화되었다. 1981년에는 자조, 상호부조, 민간의 활성화를 기본으로 하는 활력 있는 복지를 슬로건으로 복지에 관한 공적 책임의 축소, 가족과 지역사회로의 책임전가를 표방하게 되었다.

② 메이지시대[80] 이래 구빈정책과 군인·관리에 대한 은급제도가

---

79) 일본의 재택복지대책: 두 가지로 나눠져 있다. 하나는 병약이나 식물인간 치매성 등의 요 개호, 요 원호노인을 위한 원호노인 대책이 있으며, 둘째는 건강한 노인을 위한 사회활동촉진대책이다.

80) 메이지시대: 1868년, 메이지천황은 신정부의 정치방침인 5개조의 선언문을 발표하고, 에도를 도쿄(東京)로 개칭하고 수도를 교토에서 도쿄로 옮겼다. 또 연호를 메이지(明治)로 정했다.

있었으며, 쇼와시대에는 근로자를 대상으로 한 건강보험과 후생연금제도가 형성되었다. 전후 신헌법에 생존권 규정이 채택되고 영국의 비버리지보고서가 소개됨에 따라 국민의 권리, 사회보장의 제도화가 정부의 책임과제가 되었다. 제2차 고도성장 과정에서 공해문제 등 사회문제가 심각해지고 고령화 사회의 도래가 예측됨에 따라 국민의 관심이 복지로 모아졌다.

③ 1973년 국민연금제 실현과 모든 연금에의 물가 슬라이딩제의 도입, 노인복지법 개정에 의한 70세 이상의 의료비 자기부담분의 공채인수제도가 채택되었다. 그러나 석유위기를 계기로 경제가 저성장으로 바뀌었음에도 불구하고 사회보장비는 팽창하여 재정적자 확대의 한 원인이 되었다.

④ 정부는 복지정책을 재검토하여 자조노력을 강조한 복지정책의 재건이 시작되었으며, 노인의료나 피용자 보험 본인의 일부 자기부담 도입, 연금개시 연령의 인상 외에 특히 공공비용 부담경감을 위해 의료, 연금 양 보험을 통해 난립하고 있는 제도의 조정, 통일을 꾀하는 시책이 전개되고 있다.

2. 노인복지 정책방향

일본의 노인복지정책은 노인복지법이 제정되기까지 명치시대의 휼구규칙(1874년)과 대정시대의 구호법(1920년)에 의해 구제, 보호의 수준에서 실시되었으며 2차 대전 후에는 1946년의 생활보호법(구법)과 1950년의 생활보호법에 의한 보호에서 사회복지의 수준으로 실시되었다. 그러나 그 수준은 어디까지나 구빈책의 보호적 원조에 지나지 않고, 1963년 노인복지법이 제정됨으로써 노인복지의 향상을 꾀하는 시책이 종합적이고 체계적으로 추진되게 되었다. 노인문제는 곽병은·김길수(2000)에 따르면 최근에 와서 인구의 고령화와 세대 규모의 축소, 여성고용기회의 확대, 그리고 부양의식의 변화로 의한 가정에서의 개호력 저하 등으로 더욱 복잡해지고 있다. 65세 이상의 노인인구는 1995년도에는 14.53%를 점하고 있었으며, 2000년도에는 17.3%로 선진국의 수준이 되었다.

노인인구가 정점을 맞이하는 2020년도에는 22.51%로 달할 것으로 추산되고 있다. 따라서 일본의 노인복지 정책구조 <표 25>를 살펴보면 소득보장, 의료, 주택, 사회서비스 등이 골고루 발전함을 볼 수 있다. 단지 약자의 보호에 멈추지 않고 건강한 노인에게까지도 노후를 만족스럽게 하고 삶의 보험을 가질 수 있게 하는 데 있으며, 이를 위하여 각 심의회의, 간담회 등에서도 이에 관한 여러 안건들이 제출되고 있다. 일본은 특히 여성의 노동시장 참여율을 높여 감으로 실업문제 해결 및 빈부의 격차를 줄이려고 노력하였다. 이를 위하여 여성을 위한 공공부분의 일자리를 창출하였고 각종 서비스 전달체계를 통해 여성이 직장생활을 해 나갈 수 있도록 하였다. 그러나 공공부분의 지속적인 일자리 창출은 불가능하였고 이에 민간기업이 이를 대치해야 했지만 높은 노동비용과 이에 따른 국가경쟁력의 약화로 인해 민간기업의 일자리 창출은 한계를 맞게 되었으며 이후 정부에서 관여하게 된다.

일본 노인복지의 최근동향은 인구통계상의 변화, 사회경제의 변화, 후기 노인인구의 증가로 인한 보호 등에 대한 대책을 위해 복지개혁기의 중반으로 접어들고 있음을 확인할 수 있다.

<表 25> 일본의 노인복지정책 기본구조

구 분	시행정책 및 프로그램
소득 보장	① 노령기초연금 ② 노령복지연금 ③ 생활보호제도 ④ 고령자취업대책 ⑤ 농업경영이양연금 ⑥ 농업자노령연금
의료 보장	① 보건의료서비스의 보장 ② 노인보건복지추진 10개년 전략: 골드플랜 ③ 국민건강보험
주택 보장	① 공영주택: 노인세대형/노인동거세대형 ② 노인주택정비자금 대부 및 융자제도 ③ 보호장치부착집합주택 ④ 시설복지서비스
사회적 서비스	① 개호보험 ② 재가노인 복지서비스 ③ 노인의 사회참여, 삶의 보람 관련사업 ④ 고향 21 건강장수의 마을만들기사업

(자료: 보건복지부, 2006)

1) 실버산업 현황

전후 일본의 국민생활에 있어서 생활의 3요소라고 하는 의, 식, 주가 당면한 문제로 대두되었고, 유례없는 고령화 사회, 장수사회를 맞아 긴 노후생활을 보내면서 나이를 먹어 감에 따라 발생하는 심신기능의 저하에 따른 질병, 복지욕구에 대해 어떻게 대응해야 할 것인가도 중요한 과제가 되었다. 이에 실버산업[81]이 자연스럽게 발달되고 활성화되었다. 일본의 법률 중 가장 엄격한 생활보호법을 실제 집행

---

81) 실버산업이란 노년층을 대상으로 각종 상품과 서비스를 제공하는 것을 말하는데 스웨덴, 일본, 미국, 프랑스 등 이미 고령화 사회로 접어든 나라에서 큰 인기를 얻고 있으며 실버세대를 위한 홈케어, 요양시설, 의료, 관광, 생활용품 등을 주로 다룬다. 특히 요즘은 IT 기술을 접목해 영화에나 나올 법한 서비스가 실질적으로 제품화되어 생활화되고 있다.

하는 데 있어서 부모에 대한 자녀의 책임은 절대적인 것으로 간주하고 있다. 이러한 문제해결에 대해서는 기본적으로 지방공공단체에서의 노인복지시책에 의한 해결이 요망되나 공적연금제도[82] 등에 의해 구매력이 높아 가는 한편 국가 및 지방공공단체에 의한 공적부조의 차원도 확대되어야 한다.

그중에서 가장 활발한 것이 유료 노인홈이다. 이 유료 노인홈은 노인복지법 제29조에서 노인홈의 하나로 간주되고 있으나, 국가 및 지방공공단체 등의 공적기관에 의해서 설치·운영되고 있는 특별양호 노인홈, 양호 노인홈, 경비노인홈[83])이 있다. 따라서 사회복지시설뿐만 아니라 어떠한 공급주체도 관할의 도보 현 지사에 신고함으로써 설치·운영 가능한 민간시설이며, 항시 10명 이상의 노인 및 노인 예비군을 입주시켜 급식 그 외의 일상생활에 필요한 서비스를 공급하는 것을 목적으로 하고 있다.

이러한 유료 노인홈은 노인 및 노인 예비군이 그 공급주체인 설치자와의 자유계약에 따라 금액을 개인부담에 의해 급식과 건강관리 등의 서비스의 공급을 받으면서 생활하는 노임홈이라 할 수 있다. 유료 노인홈 공급주체에 대해서는 특별한 제한이 없기에 재단법인을 비롯해 사회복지법인, 종교법인, 조합, 주식회사와 유한회사 등의 민간기업, 개인, 의료법인 등으로 다양하다. 더구나 같은 유료 노인홈에서도 후생성과 우정성 등의 외곽단체를 비롯한 공적기관, 혹은 준공적기관이 설치 운영하는 시설도 있으나 민간부문에 의한 노인복지산

---

82) 공적연금제도란 노령, 폐질, 사망 등과 같은 이유로 소득중단이나 상당한 정도의 소득 감소에 대한 대비책으로 회복할 수 없는 장기적인 위험에 대한 소득보장제도이다(ILO, 1984).

83) 경비 노인홈: 60세 이상으로 수입은 있어도 친척이 없거나 가족과 동거할 수 없는 사정이 있는 고령자로 일상생활에 자립할 수 있는 사람이 입소할 수 있다.

업으로의 주택관련 사업 중의 유료화 노인홈이라는 것은 개념을 달리하고 있다.

입소시설은 특별히 양노[84] 노인홈, 양호 노인홈, 실버 노인홈, 유료 노인홈의 4가지로 나뉘며, 영리를 목적으로 민간기업이 참여할 수 있는 시설로는 유료 노인홈이 있고, 이용시설로는 노인복지센터, 노인 휴식의 집, 노인 휴양홈 등 3가지가 있는데 이들 시설은 무료로 운영되거나 저렴한 비용으로 노인들에게 심신증진 및 건전한 휴양 오락의 기회를 제공하기 위해 주로 공공부문에서 설치·운영하는 시설이다.

2) 노후대책에 대한 각종 연금제도

노후에 보다 안정적인 생활을 위해 일본에서는 노인의 연금혜택을 김옥희(1998)에 따르면 다음과 같이 연금제도를 개혁 및 시행하고 있다.

(1) 연금의 통합화

지역별로 구분된 보험제도를 통합하는 방향으로 서서히 변화되고 있다. 일본 사회보장제도의 재정구조가 취약한 원인 중의 하나는 연금제도가 지역, 직역별로 분산화되어 재정공동운영이 제한된 것에 비롯하였다. 1998년도 사회보험청의 발표에 따르면, 자영업자가 가입한 국민연금의 미납률이 23.4%에 달하고 있으며, 후생연금의 보험료 수입도 1998년도에 처음으로 감소하였다.

재정구조 통합의 일환으로 1985년 전 국민 공통의 기초연금이 도

---

84) 양노시설: 건강한 노인을 위한 요양시설
    양호시설: 건강하지 못한 즉 양호를 필요로 하는 시설

입되었다. 또한 1997년 후생연금제도의 재편성 1단계로, 일본철도공제조합, 일본담배산업공제조합, 일본전신전화 공제조합을 후생연금보험에 통합할 것을 결정하였다. 또한 정부공무원, 사립학교 교직원, 농림수산단체직원이 가입된 공적연금(공제)을 후생연금[85])에 통합하기 위한 방안을 정비하고 있다.

(2) 급여삭감

연금수혜 수준이 인하되었다. 연금수혜 수준 인하의 배경에는 현역세대의 보험료부담이 과중하다는 점과, 고령자의 연금혜택이 지나치게 크다는 인식이 존재하였다. 한 조사에 따르면, 노인가구의 소비수준은 전체 평균가구의 80%에 육박하며, 노인개인의 소비수준은 다른 인구와 별로 차이가 없는 것으로 밝혀졌다. 또한 부담과 수혜의 세대 간 비형평성 문제가 제기되었다. 65세 이상 노인이 받는 연금소득은 노인이 생애를 통해 지불한 보험료 기여도에 비하여 훨씬 많은 반면, 30~64세는 향후 그들의 연금소득에 비하여 훨씬 과중한 세금, 사회보장비 부담을 안고 있다는 것이다.

그리고 고용구조 변화와 보험료 부담을 고려하여, 고령자 취업이 더욱 적극적으로 장려되었다. 1999년 개정법에서는, 65~69세의 고령 재직자도 보험료를 지불해야 하고, 재직기간 동안 후생연금의 전부, 일부를 지급 정지할 방침을 명시하고 있다.

---

85) 후생연금보험제도: 국민연금제도에 의해 정해지는 기초연금과 함께 "취업 시의 소득액에 비례하여 지불되는 연금"을 지급한다.

(3) 공적연금과 사적연금의 역할분담 및 민간보험제도의 역할 강화

공적연금과 사적연금과의 역할분담이 새로이 모색되고 있다. 개혁 방향은 민간보험의 역할을 강화하는 것이다. 비록 법안으로 통과되지는 않았지만, 1999년 법 개정 과정 중에는, 공적연금을 기초연금으로 일원화하고, 후생연금을 폐지하여, 적립방식에 기초한 민간기업 연금, 개인연금으로 전환하자는 안이 심각하게 검토되었다. 또한 기존의 후생연금 기금이나 퇴직금을 민간보험의 일종인 확정거출연금(일본판 401K[86])으로 전환하자는 안이 2000년 3월 각의에 제출되었다. 확정거출 연금제도는 원래 2001년 시행을 목표로 하였지만, 2000년 5월 중원이 조기 해산되면서, 입법이 지연된 상태이다.

(4) 기금운영의 시장화

1999년 연금개정에서는 연금기금의 예탁의무폐지와 자주 운영으로의 이행을 명시하였다. 지금까지 후생연금과 국민연금의 적립금은 후생성[87] 산하자금 운영부에 의무적으로 예탁되었다. 예탁된 연금적립금은, 재정투융자의 자원으로 사회자본 정비, 정책금융, 주택융자, 사회복지 시설정비, 연금복지사업단의 시장운영사업 등에 활용되었다.

한편 정부 부문의 비대화나 비효율, 정책금융 확대에 따른 민간자금 순환의 제약, 보험료 각출자에게 서의 정보제시나 설명부족 등의 문제점이 많이 지적되었다. 후생성 산하 각 기관들과 연합하여 자주

---

86) 401K: 미국의 대표적인 퇴직연금 상품이다.

87) 후생성(일본어: 厚生省)은 1938년부터 2001년 1월 5일까지 존재한 일본의 중앙행정기관으로, 대한민국의 보건복지부와 유사한 역할을 수행하였다. 주요 업무로 의료·보건·사회보장을 담당한다.

운용 원칙 아래 기금모금과 관리를 해 나가기 시작했으며 모금된 기금이 적당한 곳에 적절히 사용되는 것 을 감시·관리하는 기능을 갖추어 나갔다. 또한 급속한 노인의 증가로 연금만으로는 안락한 노후 보장이 부족하여 큰 어려움이 예상돼 현재 공적연금 이외 사적연금 제도를 활성화하고 있다.

3) 고령자 고용지원정책

1970년대 후반부터 65세 이상 고령자가 급속하게 증대되었고 고령자 취업률이 국제적으로 매우 높은 수준이다. 하지만 비취업자 중 취업을 희망하는 비율 역시 높은 것으로 나타났는데, 이는 일본의 고령자 역시 취업의욕에 비해 고용기회가 적음을 의미한다. 이에 따라 일본정부는 중고령자 고용대책을 고용정책의 근간으로 다루고 있는데, 1990년 이후 경기침체의 영향으로 고령자 고용정세가 더욱 어려워짐에 따라 고령자 고용문제가 보다 중요하게 다뤄지고 있다.

일본 정부는 1971년 '중고령자들의 고용촉진에 관한 특별조치법'을 통해 중고령자 고용대책을 마련하였고, 1976년 55세 이상 고령자 고용률이 고용대책을 설정됨과 동시에 중고령자 고용안정급 부금제도를 설치하는 등 본격적으로 고령자 취업대책을 추진하게 된다. 1980년대 들어서는 60세로 정년연장이 일정 정착되었고 1986년 고령자 고용안정법[88])이 실시되어 60세 정년이 사업주의 의무노력으로 되

---

88) 일본 정부는 평균수명이 늘어 연금재정이 고갈될 위험에 빠지자 직장인들이 퇴직 후 받는 후생연금의 최초 지급시기를 65세로 늦추면서 대신 '고령자 고용안정법'을 만들었다. 재고용 연령을 올해는 62세로 하고 △2007~2009년 63세 △2010~2012년 64세 △2013년 이후 65세로 하는 게 골자다.

었다. 이 외에도 고령자의 고용촉진이나 고령자 고용안정센터 설치, 실버인재센터의 법적 지위를 정하는 등 여러 가지 조치가 취해졌다.

1990년대 들어서는 연금지급개시 연령을 65세로 인상하는 문제를 지금까지 비롯해 지금 지급까지의 60~65세 고용대책이 가장 중요한 정책과제로 등장하자, 1990년 고령자 고용안정법을 개정해 정년 후 계속하여 고용을 희망하는 자에 관해 65세까지의 계속고용이 사업주의 노력 의무로 되었다.

최근자료(일본후생성, 2008)를 보면 1%에 이르는 기업이 재고용이나 고용연장제도를 도입하고 있지만 정년을 맞이한 자 중 1/3 정도만이 재고용제도나 고용연장제도의 혜택을 받고 있는 것으로 나타났고, 1990년대 들어 대기업을 포함한 많은 기업들이 인원삭감을 단행하면서 과거의 종신고용 관행이 무너지고 있다. 이는 결과적으로 고령자 고용문제를 더욱 심각하게 만들었다.

인원삭감은 파견, 전직이나 신규채용억제 혹은 1980년대부터 추진되어 온 조기퇴직 우대제도에 의해 많이 행해졌고, 직접적인 인원정리의 경우에도 종래부터 불황 시 등에 이용되어 온 희망퇴직제도[89] 라는 소프트한 방법이 일반적으로 이용되고 있다.

---

89) 희망퇴직제도: 희망퇴직은 사용자가 근로자에게 퇴직을 권유하고 근로자는 이를 받아들여 여러 종류의 위로금을 받고 사직서를 제출하는 형식을 통해 근로관계를 종결하는 것을 의미한다.

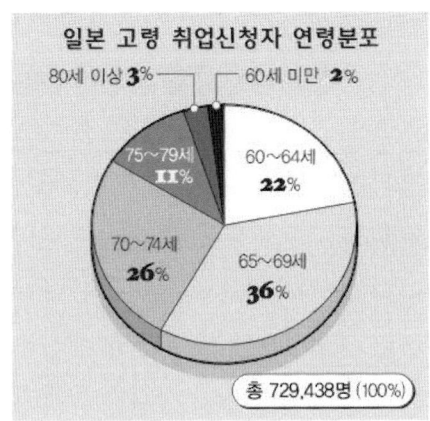

(자료: 일본노인복지협회, 2003)

〈그림 1〉 일본의 노령화에 따른 일자리 창출

결국 정부는 고령자 고용대책으로 65세로의 정년연장이나 고용계
속을 하나의 중심으로 간주하고 있지만, 기업이 추진하는 인원삭감
하에서 정년 전 퇴직자가 꽤 존재하는 점을 보면 계속고용을 추구하
는 정책에는 큰 한계가 있는 셈이다. 이에 고령자쿼터제도90)를 실행
하고 있다. 이러한 활동은 고령자의 자기실현이나 사회참가의 기회라
는 점에서도 커다란 의미를 가지고 있고 고령사회의 본질로서 중요
한 위치를 차지한다고 판단된다.

  <그림 1>에서 보는 바와 같이 최근 일본이 제도적 장치를 이용해
60세까지 정년을 연장하는 데는 성공하였으나 65세까지 계속고용을
추진하는 정책에는 한계에 봉착한 것으로 나타났다. 고령자 고용안정
법을 안정적으로 실현하기 위해서는 제도적 노력 외에도 지역사회나
민간의 고령자 지원단체의 역할을 강화하는 것이 필요하다는 점을

---

90) 고령자쿼터제(高齢者のクォータ制): 기업이 고용하는 노동자의 일정 비율을 고령자로 할당하는 제도

강조하여 나가고 있다.

현재 일본의 고령자 취업정책을 한외성(1996)에서 살펴보면 크게 3가지로 나눠볼 수 있다.

① 고연령자 등의 고용안정에 관한 일부 법률을 개정하여 정년연장, 계속고용제도의 도입 등으로 정년연령을 2013년까지 단계적으로 65세까지 연장시킬 것을 추진하였다.

② 중·고연령자의 재취업을 위한 지원을 실시해, 퇴직한 중·고연령자의 재취업 원조를 실시한 사업주 등에 대한 지도, 원조를 하였고 중·고연령자의 시범 고용사업을 추진하였다. 또한 고령자를 대상으로 치밀한 직업상담과 소개를 해 줌으로써 그들이 좀 더 적합한 직업을 찾을 수 있도록 도와주고 있다.

③ 고령자의 다양한 취업기회를 제공하고 사회참여를 촉진하기 위하여 실버인재센터의 발전, 확충을 지원하였다. 그 결과 노인인력파견, 자원봉사 등 다양한 취로 및 사회참가 욕구에 대응한 one-stop 서비스를 제공하였고 자녀양육사업 등 지역사회와 밀착된 사업을 추진하였다. 또한 시니어클럽을 운영 중 이며 일본은 이러한 법과 제도를 기반으로 하여 일본 노인들에게 다양한 취업기회를 제공하고 사회참여율을 향상해 오고 있다.

4) 노인건강보장 및 지원정책

일본은 노인주거 복지시설 또는 노인건강보장과 관련, 노인복지법과 공영주택법 등을 두고 있다. 노인복지법은 노인복지시설 및 노인건강계획, 재택서비스 등에 대해 구체적으로 명시하고 있다. 비용부담, 지정법인, 유료 노인홈에 대해서도 규정하고 있다. 공영주택은 저소득자를 대상으로 정부나 지방자치단체 가 전액 부담해 건설하는 주택으로 저소득자 이외에 노인, 심신장애인 등이 우선 입주할 수 있다. 65세 이상 노인의 3~5% 정도가 이러한 공영주택에 거주하고 있는 것으로 나타났다.

(1) 유료 노인홈

일본의 대표적인 노인의 건강을 위한 복지제도로 노인복지법 제29조에서 정의되고 있는 유료 노인홈은 "통상 10명 이상의 노인을 입소시켜, 급식과 기타 일상생활상 필요한 편의를 제공하는 목적으로 하는 시설이고, 일반 노인복지시설이 아닌 것"으로 분류한 입소시설이다. 이 규정에 의한다면 실버맨션 등의 대다수가 유료 노인홈에 해당하지만 실제로 동법에서 규정하고 있듯이 도, 부, 현, 지사에게 유료 노인홈 설치 신고를 하여 행정면에서 포착할 수 있도록 규정된 시설을 지칭한다.

유료 노인홈 시설이 전국 유료 노인홈협회의 입회에 필요한 서류 중에는 설치 신고를 받았는지에 관한 법률적인 인지가 필요하고 이것이 하나의 자격요건으로 되고 있다. 한편 협회에 가입한 유료 노인홈도 일반이용자 대상의 모집 등에서 유료 노인홈이란 명칭을 사용하지 않고, 경우에 따라서는 Retirement 하우스, Villa, Care 하이츠, 노령자 Community 등 다양한 이름을 사용하고 있다. 역시 건축기준법의 규정에 주택 기타 이들에 속하는 건축물에 대해 법령에 정한 것이 있고 법령에 따라 이 중에 유료 노인홈이 명기되고 있다.

(2) 실버맨션

실버맨션과 같은 용어로 고령자주택이 있다. 즉 고령자들의 건강과 의료시설을 잘 갖추어진 복지시설을 정부차원에서 추진해 왔으며 이 중 실버맨션이 분양과 종신이용권 등의 비교적 고액인 주거를 지칭하는 데 비해 고령자주택은 실버맨션뿐만 아니고 시, 정, 촌의 노인을 위한 Care 부가주택이라 불리는 것까지도 포함되는데 이것은 통상 분양형 주거로 일반적인 개호서비스가 부대되어 있음을 나타낸다. 이에 비해 종신 이용제도는 먼저 논의한 유료 노인홈과 이용권형 실버맨션 등으로 불리는 것이 많다.

(3) 간호주거

이는 개호상태에 있는 자주적 생활이 곤란한 노령자가 입소하는 민간시설로, 입주 시에 입주금을 지불하여 이용권을 취득하고 그 후 생활비를 매월 지불하여 종신이용이 보증되고 있는 간호주거로 정의한다. 유료 노인시설의 설치, 운영, 지도지침에서는 1988년 개정에 의해 이 간호주거시설을 유료 노인홈개호형으로 규정하고 있으며 후생행정에서는 유료 노인홈 속에 포함시키고 있다.

(4) 기타 실버시설

노인보건시설과 공적실버시설이 있다. 노인보건시설은 입주시설이 아니고 가정과 병원의 중간에 위치하는 통과시설 또는 중간시설로 볼 수 있다. 이 시설의 사업주체는 의료법인, 사회복지법인, 지방공공단체 등이기 때문에 민간부문도 참가할 수 있다는 의미에서 시설형 실버비즈니스 속에 포함된다. 공적 실버시설은 노인복지 중 시설형

복지로 양로 노인홈, 경비 노인홈이 있는데 이들은 국가적인 목적과 성격을 지닌 것으로 일반 Business의 범위에는 들어가지 않는다. 그러나 공적 측면과 사적 측면의 운영, 서비스라는 새로운 역할분담의 가능성을 갖고 있다고 볼 수 있다.

(5) 노인건강의료제도

노인들의 건강지원정책으로 요개호제도 서비스가 널리 형성되어 있으며 인정의 판정은 피보험자의 신청이 있을 경우 보건·의료·복지의 전문가로 구성되어 있는 시정촌 개호인정심사회의 심사판정 결과에 근거하여 요개호 또는 요지원을 인정하며, 심사 회는 판정에 앞서 시정촌 직원이 실시한 '피보험자의 심신상황조사서'와 '주치의의 의견서'에 입각하여 개호인정 여부 및 등급을 최종적으로 판정하도록 되어 있다. 다만, 조사는 시정촌 직원 이외에도 거택개호 지원사업자(케어플랜 작성기관) 등에 위탁하여 실시할 수도 있다. 또한 요개호제도 서비스를 국가 차원에서 보급 확대 중이다. 이에 노인의 건강에 대한 의료지원을 아끼지 않고 있으며 많은 국가재정을 확보하고 있다<표 26>.

〈표 26〉 일본 노인의료제도의 발전현황

연도	주요 입법조치 또는 제도의 시행	65세 이상 인구의 비중(%)
1961년	전 국민 의료보험달성	5.7(1960)
1973년	노인복지법의 개정으로 노인의료비 무료화	7.1(1970)
1982년	노인보건법의 제정	9.1(1980)
1986년	'장수사회대책대강' 발표	
1988년	'복지비전' 수립	
1989년	'골드플랜(Gold Plan, 고령자 보건복지추진 10개년 전략)' 수립	
1990년	사회복지관계8법의 개정	12.0(1990)
1995년	'신골드플랜(New Gold Plan)' 실시	
1997년	공적 개호보험법 국회통과	
1999년	'골드플랜21(Gold Plan 21[91]), 향후 5개년 고령자 보건복지 시책방향)'	
2000년	공적 개호보험 실시	17.2(2000)

[자료: 선우덕(2001), 양철호(2001), 남상요(2001)]

보험급여의 내용을 보면 요개호자에 대해서는 재택, 시설 양면에 걸쳐 다양한 서비스가 급여로 제공되며, 요지원자는 재택서비스만을 급여로 제공된다. 재택서비스는 의료, 간호, 생활에 관한 각종 상담 및 검진을 집 안에서 무료로 받을 수 있는 제도이며, 곽병은・김길수 (2000)에 따르면 다음과 같다.

① 홈헬퍼 서비스

노인의 건강이 좋지 않은 사람을 위한, 즉 일상생활에 제한이 심한 중증장애인과 노인들에 대해 입욕, 배설, 식사 등 신체상의 케어와 조리, 세탁, 청소 등 가사지원, 외출 시 이동지원 등을 하는 서비스다. 일본의 경우 1963년 노인들을 위한 가정봉사원 파견제도로 출발한

---

91) '골드플랜 21'은, 밝고 활력 있는 고령사회를 실현하기 위해, "활력 있는 고령자상의 구축", "고령자의 존엄의 확보와 자립지원", "서로 지지하는 지역사회의 형성" 및 "이용자로부터 신뢰 받는 개호 서비스의 확립"의 4개의 기본적인 목표를 내걸어 그 실현을 향해서 시책을 전개하는 것으로 하고 있다. 또, "소자녀화 대책추진 기본방침"은, 정부가 중장기적으로 진행해야 할 종합적인 소자녀화 대책의 지침으로 "신엔젤 플랜"은, "소자녀화 대책추진 기본방침"에 근거하는 중점 시책의 구체적 실시계획으로서 자리매김되고 있다.

이 서비스가 1989년 홈헬퍼서비스92)로 이름을 바꾸고 정착됐다. 이용료는 생계를 맡은 자의 소득세의 과세상황에 따라 좌우되며 생활보호대상자나 소득세비 과세세대는 무료이다. 일본의 홈헬퍼 종사자 수는 지난 1999년 17만 명에서 오는 2004년까지 35만 명으로 증가할 것으로 전망되고 있다.

② 가이드헬퍼 서비스

가이드Helper 서비스는 지체장애인과 시각장애인의 외출지원을 전적으로 담당하는 제도로, 일본의 경우 홈헬퍼제도와 통합해 실시한다. 그러나 최근 가이드Helper를 독자적으로 파견하는 지자체가 증가하고 있는 추세다. 외출지원 범위는 통근이나 통학, 영업활동을 위한 외출을 제외하고 일상적인 모든 외출이 가능하다.

③ 개호인 파견서비스

개호인 파견서비스는 입욕, 배설, 식사, 의복 착탈, 외출, 가사 등을 지원하는 서비스로, 일본에서는 뇌병변, 경추손상, 근육질환 등 사지에 장애가 있는 장애인으로서 1, 2등급 18세 이상의 재가 장애인을 대상으로 실시되고 있다. 시설입소자의 경우 외출 개호만을 받을 수 있다. 1974년 동경에서 처음 시작됐으며 현재 대부분의 지자체에서 실시하고 있다. 지자체별로 월 60시간에서 242시간까지 지원시간에 차이가 있다. 지원금은 2001년 기준 시간당 941엔에서 1,094엔까지

---

92) 중증(장애 1, 2급) 여성장애인 가운데 저소득층을 대상으로 임신 · 출산 · 육아 · 가사를 도와주는 '홈헬퍼' 제도를 운영한다고 31일 밝혔다. '홈헬퍼'란 여성장애인의 가정과 결연을 맺고, 임신과 산후조리, 자녀양육 등 집안일을 하루 8시간씩 도와주는 사람들을 말한다.

다양하다.

④ 생활보호법에 의한 개호서비스[93]

생활보호대상 장애인 중 타인으로부터 개호가 필요한 중증장애인의 경우 타인개호 가산금, 즉 타인으로부터 개호를 받을 수 있는 수당을 가산해 급여를 지급받을 수 있는 제도다. 금액은 1일 4시간에서 10시간 개호가 필요한 경우 월 7만 엔에서 18만 엔 정도의 돈을 지급받는다.

⑤ 주택개조 및 복지용구대여 서비스

1급에서 4급 장애인의 경우 주택의 증개축이나 개조, 수리를 희망하는 경우 약 245만 엔까지 지급받을 수 있다. 또 일상생활에 필요한 특수침대, 입욕보조용구, 전동휠체어, 시각장애인용 테이프 리코더, 확대 독서기 등을 무료로 대여받을 수 있다.

⑥ 방문간호사업

보행에 제한이 심한 중증장애인의 경우 의사, 간호사, 사회복지사 등의 전문직원으로부터 의료, 간호, 생활에 관한 각종 상담 및 검진을 집 안에서 무료로 받을 수 있는 제도이다. 일본의 경우 2001년도 기준 약 2만 명의 간호사와 의사가 방문간호사업에 참여하고 있다.

---

93) 개호서비스: 규모는 작지만 체계적이고 여하튼 빈틈이 없어 보인다. 규모보다는 서비스 질에 우선을 두어 노인 삶의 질을 높이자는 데 목적을 둔다.

제3절 우리나라의 노인복지정책

1. 우리나라의 복지정책 발달과정

1) 사회복지정책의 발달배경

우리나라의 사회복지의 발달은 1960년대 이후 경제성장과 더불어 관련이 있으며, 1980년대까지 우리나라의 사회복지정책은 사회복지사업 관련법들이 제정되고 체계적인 사회복지 제공을 위한 제도가 추가되기 시작하였다. 경제발전을 정부정책의 우선으로 삼았기 때문에 사회복지와 관련한 정책은 기대한 만큼 발전했다고 보기에는 어려움이 많이 있었음을 알 수 있으며, 신건희(1997)에서 발달배경을 살펴보면 다음과 같다.

① 우리나라는 오랫동안 여타 선진복지국가에서 초기에 시도한 것처럼 공공부조제도를 통하여 절대적 빈곤계층을 요보호대상으로 하여 국가적인 노력을 하였다.

② 사회구조적인 변화 외에도 1960년대 이후부터의 지속적인 경제성장과 더불어 국민들의 삶의 수준이 높아지는 동시에 시민의식도 함께 높아지게 되면서 사회복지에 대한 국가와 사회의 책임이 강조되기 시작하였다.

③ 급속한 경제성장 이후 경험한 1990년대 말의 외환위기는 과잉생산, 대량실업자 양산, 불경기 등의 문제에 직면하면서 사회는 불안정 상태가 지속되었다. 먼저 1995년 사회보장기본법 제정

후, 그리고 2003년 참여정부의 생산적 복지, 1997년 이후 노령
연금법94), 건강가정지원법, 모자가족법, 모·부자가족법95), 위
탁가정지원센터 등이 신설되기 시작하였다.

2) 사회복지의 발전과정

우리나라 복지정책은 공적인 구휼사업이 중심으로 출발하여 한편
으로는 종교기관을 통한 복지활동, 계와 향약 등의 민간조직 활동 등
현대적 개념의 민간차원의 복지제도를 통해 서비스가 많이 이루어지
기 시작하였고 우리나라 사회복지발전은 국가의 책임에 의한 사회복
지사업이 나타나기 시작한 1960년대 이후부터 본격적으로 시작되었
다고 할 수 있다. 그리고 1990년대 중반에 마련된 사회보장기본법에
따라 우리나라의 사회보장은 사회보험, 공공부조, 사회복지서비스로
나누어 시작되었다. 발전과정을 연도별로 유성호·모선희 외 공저
(2000)에서 살펴보면 다음과 같다.

① 1960년대를 살펴보면 우리나라의 사회복지는 시설보호로부터
시작한다. 일제강점기, 한국전쟁 이후 정부의 복지정책은 보육
시설과 양로시설을 우선적으로 설치, 유엔의 구호계획과 외국
민간외교단체의 활동은 사회사업에 영향을 주었다. 외국원조에
의존한 사회복지의 형태로 시설보호와 공공부조에 한정되었다.
공공부조의 기초가 된 생활보호법은 그 적용대상과 급여내용에

---

94) 노령연금법: 노인이 후손의 양육과 국가 및 사회의 발전에 이바지하여 온 점을 고려하여 생활이 어려운
노인에게 기초노령연금을 지급함으로써 노인의 생활안정을 지원하고 복지를 증진함을 목적으로 한다.

95) 모·부자복지법: 생활상에 여러 가지 어려움에 직면해 있는 한 부모 가족들이 겪을 수 있는 문제를 해결
하고 그들이 인간답게 살아갈 수 있도록 돕는 데 의의를 두고 있으며 모·부자 가정의 소득보장과 취업
알선, 주거보장, 의료보건지원, 보육지원 등을 통해 국가적인 지원을 하기 위한 법이라고 할 수 있다.

서 일제강점기의 조선구호령과 미군청의 후생국보 3C호에 기초하여 제정되었다. 1962년 이후 사회문제를 해결하려는 노력을 보였다. 1963년에 제정된 산업재해보상보호법은 그 시행과 적용대상이 일반근로자이므로 이 법이야말로 우리나라 사회보험의 시초라 할 수 있다.

② 1970년대 이후 우리나라의 사회복지는 공공부조의 중심에서 서서히 사회보험의 형태로 바뀌게 되는 시기라고 볼 수 있다. 사회정치적으로 격변기라 할 수 있는 1980년대는 복지국가건설을 지표로 하는 한국형 복지모형을 설계하여 국가의 개입을 가능한 최소화하는 한편 가족의 기능을 강화하여 자조와 재활을 강조하고 자원봉사의 참여를 강조한 시기이다.

③ 1990년대는 우리나라의 사회복지정책이 관련제도 확충의 기반이 되는 정책적인 방안이 제시된 시기라 할 수 있다. 1995년 사회보장기본법 전면개정, 1990년대는 복지국가의 대표적인 4대 보험이 모두 시행되면서 사회보험이 보편화되었고 재가복지도 정착되기 시작한 시기이다.

2. 노인복지 정책방향

노인복지 선진국가의 경우에는 정치적 안정과 경제적 안정을 기반으로 복지국가의 성숙된 발전경험을 갖고 있다는 것이다. 반면에 한국의 경우에는 이들 국가의 오랜 기간에 걸쳐 경험해 왔던 복지강화, 비효율, 대안적 복지전략의 경험이 없기 때문에 어느 단계에 보다 비중을 두고 어떤 방향으로 노인복지정책을 정립할 것인가를 잘 모르며 논란의 여지가 많다고 볼 수 있다.

우리 국민의 평균수명이 2007년에는 남자가 72세, 여자가 79세가 되었고, 이후부터는 세계 역사상 유례없이 빠른 속도로 평균수명이 연장될 것으로 예상된다. 이리하여 우리나라는 2000년부터 노인인구가 7%를 넘는 고령화 사회로 진입했고 2022년이 되면 고령사회로 진입할 것으로 예측되고 있다. <표 27>에서 보는 바와 같이 우리나라는 선진국에 비해 사회보장지출이 현저하게 낮음을 볼 수 있다 이에 21세기 초반 25년간은 선진국의 경험에서 나타난 시행착오를 잘 검토하여 고령화 사회와 고령사회를 대비하는 정책이 장기적인 안목에서 계획되고 실천되어야 하며, 결국 선진국 정도의 국가재정을 준비해야 할 것이다.

〈표 27〉 각국의 사회보장비 지출 비교

국가	사회보장예산/중앙정부(%)	사회보장지출/GDP(%)
한국	10.63(96)	5.60(96)
미국	28.83(96)	16.26(95)
영국	25.4(95)	12.7(95)
프랑스	39.28(93)	30.07(95)
일본	36.80(96)	14.06(95)
독일	45.28(91)	29.61(95)
캐나다	20.4(93)	14.05(93)
이탈리아	28.3(94)	16.7(94)

(자료: 사회비 지출자료, GDP/P, 『세종정책연구』, 2008년)

개발도상국에서 후발선진국으로 진입하게 될 우리 사회는 이미 고령화 사회를 거쳐 고령사회에 도달한 선진국의 노인복지정책의 시행과정에서 나타난 시행착오를 거울삼아 우리 사회에 적합한 정책을 수립할 수 있는 유리한 역사적 발전단계에 있다. 노인복지정책은 노인문제와 욕구에 대응하는 국가정책인데 대체로 4가지 분야로 생각해 볼 수 있다.

첫째, 최소한의 생계유지와 상당한 정도의 여유 있는 생활을 할 수 있도록 하는 소득보장, 둘째, 큰 부담 없이 안락한 주택에서 생활할 수 있도록 하는 주거의 보장, 셋째, 질병에 대한 치료와 간호보호를 경제적 부담 없이 받을 수 있도록 하는 의료보장, 넷째, 신체적 독립과 심리·사회적 자기발전 욕구를 충족할 수 있는 사회서비스 보장이라 할 수 있다.

현재 우리나라의 노인복지정책의 4가지 분야 중에 소득보장과 의료보장 분야는 기본적인 틀은 갖추었으나 아직도 미흡한 점이 상당히 있고, 주거보장과 사회서비스보장 분야는 대단히 미흡한 상태에 있다. 선진국의 경험과 우리 사회의 전통을 살려 21세기 초반 약 5년간에 있어서 4가지 분야의 노인복지정책은 다음과 같은 방향으로 발전되어야 할 것이다. 즉, 소득보장과 의료보장과 같이 경제적 문제를 해결해 주는 것은 국가가 일차적으로 책임을 져야 하고, 가족은 다만 노인의 여유 있는 생활과 높은 서비스를 위해서 필요한 비용을 보완해 주는 의미에서 책임을 지는 방향으로 나가야 할 것이다.

산업사회에서 가족이 부모의 생활비와 의료비용을 부담하는 것은 점차 어려워지고 있기 때문에 노인에 대한 경제적 보장은 국가의 사회보장제도에 의존하지 않을 수 없다. 그리고 복지시설도 국가가 가능하면 임대주택, 노인보호시설 등을 많이 공급하여 노인개인과 가족이 재산의 많은 부분을 주택에 묶어 두지 않고 주거문제를 해결하도록 하는 방향으로 나가야 할 것이다. 이에 따른 방안으로 이가옥 외 (1994)에서 살펴보면 다음과 같이 제시하고 있다.<표 28>

① 현재의 국민연금제도는 조세로 충당되는 기초연금, 소득과 연계되는 확정급여 연금으로 양분시킨다. 기초연금을 통해 낮은 가입률 문제를 해소하고 노인에게 최소소득을 보장하는 한편 다른 OECD[96] 국가들에 비해 매우 높은 소득대체율[97]을 크게 낮춰야 한다.

② 퇴직금제도 완전적립방식의 확정기여형 퇴직연금제도[98]로 전환하며, 개인 연금제도를 금융감독기관 감시 하에 보다 효과적으로 만드는 것이다.

③ 정년퇴직 연령 상향조정과 연령차별 금지법＝정년퇴직 연령을 높이는 게 제일 시급하다. 한국에서는 정년퇴직 연령이 60세 이상이어야 한다는 권고 조항이 있을 뿐이다. 그 결과 2001년 기준 300인 이상 사업장의 약 13%만이 정년퇴직 연령을 60세 이상으로 정하고 있다. 참조로 일본은 이미 1998년 관련법을 개정, 정년퇴직 연령 60세 이상을 의무화했다.

또한 연령제한을 강제로 제한함으로써 고령근로자를 해고하기 어려워진 사용자에게 임금제도를 직무급, 성과급[99] 위주로 개혁하도록 유인을 제공하는 것이다. 엄격한 고용보호법을 완화하는 것도 연공임금체계 개혁을 앞당기고, 역설적으로 고령근로자의 고용가능성도 높일 수 있다. 고령자에게 집중됐던 고용조정 부담이 전 연령층으로 분

---

96) OECD: Marshall Plan의 효율적 수행을 위해 각국 간의 경제계획을 조정할 필요가 있었기 때문에 1948년에 유럽경제협력기구(Organization for European Economic Cooperation: OEEC)를 창설했다. 이사회는 모든 회원국으로 구성된 전체기관이다.

97) 소득대체율: 국민연금 가입기간의 평균소득을 현재 가치로 환산한 금액대비 연금으로 지급하는 비율

98) 퇴직연금제도: 퇴직금을 미리 저축해서 근로자가 퇴직한 뒤에도 연금을 받아 안정된 생활을 누릴 수 있도록 도와주는 제도

99) 성과급: 작업의 성과를 기준으로 하여 지급되는 임금 ↔ 기간급 · 시간급, 즉 같은 시간에 많은 효율을 올리는 근로자에게 임금을 더 주는 제도이다.

산되기 때문이다. 이에 향후 국가계획은 노인일자리사업은 보건복지부(2008)에 따르면 국가중장기계획 '새로마지Plan 2010'[100) 국가재정운용계획(2006~2010년) '함께 가는 희망한국 비전030'에 반영되어 세부과제로 추진되고 있다.

'새로마지Plan 2010'은 저출산·고령사회기본법 제10조에 보건복지부장관이 5주년을 주기로 수립해야 하는 저출산 고령사회 종합대책으로 2006년 7월 확정되었다. 이 계획에서 노인일자리사업은 고령사회 삶의 질 향상 기반구축이라는 추진과제 달성을 위한 세부추진과제로 2010년까지 38만 개 일자리창출을 목표로 하고 있으며, 노인복지시설(<표 29>)도 많은 확충을 준비하고 있다.

<표 28> 우리나라 노인복지시설의 종류(노인복지법 제31조)

종류	시설	설치목적	입소대상자	설치
주거 복지	양로	노인을 입소시켜 무료 또는 저렴한 요금으로 급식 기타 일상생활에 필요한 편의 제공	생활보장대상노인 또는 생활보장대상노인이 아닌 65세 이상의 자 중 적절한 부양을 받지 못하는 자	시·군
	실비 양로	노인을 입소시켜 저렴한 요금으로 급식 기타 일상생활에 필요한 편의를 제공	월 소득을 합산한 금액을 가구원수로 나누어 1인당 월평균 소득액이 전년도의 월평균 소득을 전년도의 가구원수로 나누어 얻은 1인당 월평균 소득액 이하	〃
	유료 양로	노인을 입소시켜 급식 필요한 편의를 제공하고 이에 소요되는 비용을 입소한 자로부터 수납하여 운영	일상생활에 지장이 없는 60세 이상의 자	〃
	실비 주택	일정소득 이하의 노인에게 분양 또는 임대 등을 통하여 주거의 편의·생활지도·상담 및 안전관리 등 편의를 제공	실비보호대상자로서 단독취사 등 독립된 주거생활을 하는 데 지장이 없는 65세 이상의 자	〃
	유료 주택	유료로 분양 또는 임대 등, 주거의 편의·생활지도 상담 및 안전관리 등 일상생활에 필요한 편의를 제공	단독취사 등 독립된 주거생활을 하는데 지장이 없는 60세 이상의 자	〃

100) 새로마지플랜 2010: 저출산과 인구구조의 고령화 문제에 대응하기 위해 마련한 범정부적 종합계획이다. 18개 정부부처와 청이 참여하여 수립한 230여 개 사업에 대하여 2006~2010년까지 5개년 동안 총 32조 원을 투입하는 제1차 저출산 고령사회 기본계획이며, 저출산 고령사회에 대응하기 위한 사회·경제 등 모든 분야와 관련된 정책을 포괄한다.

의료복지	요양시설	노인을 입소시켜 무료 또는 저렴한 요금으로 급식·요양 기타 일상생활에 필요한 편의를 제공	생활보장대상노인 또는 저소득 노인으로 노인성질환 등으로 요양을 필요로 하는 자	〃
	실비요양	노인을 입소시켜 저렴한 요금으로 급식·요양 기타 일상생활에 필요한 편의를 제공	실비보호대상자로서 노인성질환 등으로 요양을 필요로 하는 65세 이상의 자	〃
	유료요양	노인을 입소시켜 급식·요양 생활에 필요한 편의를 제공 일체의 비용을 입소한 자로부터 수납하여 운영	노인성질환 등으로 요양을 필요로 하는 60세 이상의 자	〃
	전문요양	치매·중풍 등 중증의 질환노인을 무료 또는 저렴한 요금으로 급식·요양 기타 일상생활에 필요한 편의를 제공	생활보장대상노인 또는 저소득 노인으로서 치매·중풍 등 중증 노인성질환으로 요양을 필요로 하는 자	〃
	유료요양	치매·중풍 등 중증의 질환노인을 급식·요양 기타 일상생활에 필요한 편의를 제공	치매·중풍 등 중증 노인성질환으로 요양을 필요로 하는 60세 이상의 자	〃
	전문병원	-주로 노인을 대상으로 의료를 행하는 시설 -의료법에 의한 의료기관을 개설할 수 있는 자	가. 노인성질환으로 치료 및 요양을 필요로 하는 자 나. 임종을 앞둔 환자	〃

(자료: 보건복지부, 2005)

〈표 29〉 우리나라 연도별 시설복지 현황

종류	시설	2007		2006		2005	
		시설 수	입소정원	시설 수	입소정원	시설 수	입소정원
합계		60,788		59,121		56,518	
노인주거복지지설	소계	398	16,579	366	16,074	282	13,289
	양로시설(무료)	147	5,643	145	5,780	137	6,051
	실비양로시설	161	2,772	132	2,267	64	1,126
	유료양로시설	76	4,599	74	4,462	69	3,954
	실비노인복지주택						
	유료노인복지주택	14	3,565	15	3,565	12	2,158
노인의료복지지설	소계	1,186	61,406	898	52,628	583	35,172
	노인요양시설(무료)	202	12,540	174	11,546	149	10,321
	실비노인요양시설	350	11,654	260	9,099	123	4,819
	유료노인요양시설	123	3,169	103	2,381	84	2,189
	노인전문요양시설(무료)	273	16,635	184	13,445	139	10,436
	실비노인전문요양시설	59	3,560	24	1,518	5	520
	유료노인전문요양시설	107	3,752	70	2,600	43	1,678
	노인전문병원	72	10,096	83	12,039	40	5,209

노인여가 복지시설	소계	57,777		56,789		54,785	
	노인복지회관	211		183		163	
	경로당	56,480		55,504		53,616	
	노인교실	1,082		1,099		1,002	
	노인휴양소	4		3		4	
재가노인 복지시설	소계	1,408	72,563	1,049	51,699	851	40,002
	가정봉사원파견시설	767	62,736	523	42,832	399	32,752
	가정봉사원교육시설			4	903	3	
	주간보호시설	504	8,109	409	6,557	346	5,682
	단기보호시설	137	1,718	113	1,407	103	1,568
보호전문	노인보호전문기관	19		19		17	

(자료: 보건복지부 2008)

3. 고령자 고용지원정책

한국사회의 급속한 고령화가 사회적 이슈로 등장하고 있음은 옛날 이야기가 아니다. 고령화라는 인구구조의 변화는 사회 각 부문의 행태를 바꾸고 다시 실물경제와 금융시장에 많은 영향을 주게 될 중요한 변수이다. 그런 측면에서 기록적인 저출산과 고령화가 한국을 '가장 늙고 활력 없는 나라'로 만들지도 모른다는 우려는 결코 빈말이 아니다. 고령화 문제는 한국만의 문제는 아니다. 이웃나라인 일본을 비롯해 수많은 선진국들이 고령화 사회에 진입했고 그중 일부는 고령사회로 이행 중이다. 이들의 경우를 보면 대체로 의료보건기술이 발달함에 따라 노년 세대의 평균수명은 길어지는 반면, 젊은 세대의 출산은 경제·사회적인 이유로 억제되는 경향이 있다. 이런 측면에서 보면 고령화란 자본주의의 진전에 따라 소비사회로 진입하면서 나타나는 일반적인 현상이라고 할 수 있다.

이와 같이 노인제반문제 해결의 첫걸음인 취업문제부터가 난관에 봉착하여 있음에 노인문제는 갈수록 어려워지고 있으며, 앞으로의 노인세대는 이러한 문제를 더 이상 인내하지 않고 높아진 교육수준과 늘어난 노인수의 힘으로 큰 갈등과 혼란을 수반하는 사회문제를 야기하게 될 것으로 예상된다. 따라서 양적으로 미흡하고 질적으로 열악한 현재의 노인취업실태가 개선되고 활성화되기 위해서는 노인들에게 취업여건과 환경을 조성하고, 취업기술 등을 교육시키며, 각종 취업상담 및 알선 서비스를 제공하고, 일자리를 개발하여 제공하는 등의 노인취업 프로그램의 활성화가 우선적으로 필요하다.

그러나 현실은 고령자들의 재취업이 어렵다는 점이다. 사업주는 생산성 저하, 건강, 고임금 등을 이유로 고령자 고용을 기피하고 있다. 무엇보다 일할 의욕과 능력이 있는 고령자의 비중은 크게 늘고 있으나 마땅한 일자리가 없다는 것이 문제다. 2005년도 Work-net상 고령자 일자리 경쟁배수는 17.67배로 1.93배인 청년층보다 9배나 높게 나타났다. 이처럼 노동시장에서 이탈한 고령자는 취업의욕은 높으나 고령근로자에 대한 사업주 편견으로 인해 취업기회가 박탈되고 직업능력이 퇴화되어 구직 단념자로 전환되는 악순환이 반복되고 있다.

이에 따라 정부는 고령자의 장기근무 분위기 형성을 위해 연령차별금지 캠페인, 기준고용률 제도개선, 고령친화형 작업환경 개선자금 융자 등을 지속적으로 추진할 계획이다. 특히 올해는 연령차별금지를 법제화하기 위해 지난 3월30일 '고령자고용촉진법 일부개정 법률안'을 입법 예고했다. 이번 개정안은 법명을 '고령자고용촉진법'에서 '연령차별금지 및 고령자고용촉진에 관한 법률'로 변경함으로써 연령차별 금지를 명확히 하고, 개인의 능력과 무관하게 연령을 기준으로 한

차별적 관행을 해소해 고령자 등의 고용연장과 고용안정 방안을 담았다.

이 개정안에 따르면 사업주는 앞으로 모집과 보직, 해고, 승진, 배치, 교육, 훈련 등 근로자 고용의 모든 단계에서 합리적 이유 없이 나이를 이유로 차별해서는 안 된다. 또 합리적인 이유 없이 연령 이외의 기준을 적용, 특정 연령집단에 불리한 결과를 초래하는 간접차별도 금지된다.

고령 실업자가 공공부문 및 중소기업 현장훈련에 참가하고 해당기업에 취업하도록 촉진하는 '고령자 뉴 스타트 프로그램'을 비롯해 다양한 재취업 알선 및 직업훈련 프로그램을 통해 노인취업기회를 확대한다는 방침이다.

고령자 New Start 프로그램은 55세 이상 고령자를 공공기관, 비영리 민간단체(NGO), 중소기업 등에서 일정기간 현장훈련(On-the-job training)을 받게 함으로써 고령구직자의 직업능력을 개발함과 동시에 공공기관, 중소기업 등에는 일할 의욕이 있고 성실한 노동력을 공급한다는 것이 골자내용이다.

고령자 일자리 창출에 대해 강욱모 외(2007)에 따르면 올해부터는 일자리의 난이도와 생산성 등에 따라 참여기간, 임금을 차등화하고 지역특성에 맞고 일자리 창출효과가 큰 아이템에 대해서는 지역혁신사업으로 선정, 지원할 계획이다. 일자리 부족을 호소하는 중소기업에도 노인인력 파견을 추진하고 노인시험감독관, 노인주유원 등 민간부문 일자리를 적극적으로 개발, 보급할 예정이다.

고령자의 노동시장 재진입을 위해 고령자를 채용하는 사업주에게는 신규고령자고용촉진장려금, 고령자다수고용촉진장려금, 정년퇴직

자계속고용장려금 등 각종 장려금을 지원하고 있다. 신규고령자고용
촉진장려금은 고용지원센터뿐 아니라 고령자 인재은행[101] 등 정부가
지원 또는 운영하고 있는 취업알선기관에 구직등록을 하고 3개월이
지나도 취업하지 못하는 55세 이상 고령자를 채용하는 사업주에게 6
개월 동안 매월 30만 원, 이후 6개월 동안은 월 15만 원씩(500인 이하
제조업은 월 30만 원) 장려금을 지원하는 제도이다.

아울러 임금조정을 통해 고령근로자의 계속고용을 보장하고, 고령
자에 대한 인건비부담을 줄이는 임금 피크제 보전수당[102] 제도를
2006년 도입, 한시적으로 운영하고 있다. 또한 사업내실화를 위한 맞
춤형 일자리 개발보급 노인 케어(Care) 등 복지형 일자리 확대 사업기
간 연장 및 보수인상 등과 시니어클럽 한국노인인력개발원 등 사업
수행 인프라 확충 계획이 포함되어 있다. 노인일자리 전담기관 고유
사업은 시니어클럽과 대한노인회취업지원센터 사업을 의미하며 요
양기관은 정부지원 일자리사업 이외에 기업과 시장을 대상으로 한
일자리 창출사업도 함께 추진하고 있다.

4. 노인건강보장 및 지원정책

건강보장은 국민이 질병, 부상, 분만, 사망 등의 요인으로 인한 생
활상의 불안을 예방하거나 이미 발생한 질병을 치료하여 신체 및 정

---

101) 고령자 인재은행: 50세 이상 일자리를 원하는 고령자와 고령인력을 필요로 하는 구인 업체를 서로 연결하여 무료로
    취업 알선해 주는 전문상담센터이다.

102) 임금피크제를 적용받는 근로자에게 임금삭감액의 일부를 지원하여 근로자의 고용을 보장하는 제도로, 노사합의
    로 임금피크제를 도입·실시한 당해 사업장에 18개월 이상 근무한 54세 이상 근로자로 피크제 적용으로 임금이
    최초 감액된 날이 속하는 연도의 직전 연도 임금과 당해 연도 임금을 비교 10/100 이상 떨어진 경우 지원된다.

신적으로 건강한 생활을 유지할 수 있도록 국가가 개입하여 보장해 주는 제도이다. 건강보장은 별도의 비용을 수납하지 않고 국가가 조세에 의해 재원을 조달하는 공적부조방식과 서비스 이용자가 일정액의 보험료를 납부하는 건강보험이라고 하는 두 가지 형태가 있다. 우리나라의 경우에는 두 가지 건강보장방식을 모두 채택하고 있는데, 공적부조방식의 건강보장체계는 전 국민을 대상으로 한 보편적 서비스를 제공하는 유럽 국가들과는 달리 저소득층 노인이라는 일부계층만을 대상으로 하는 잔여적인 성격이 강한 보장방식이다.

의료, 건강보장은 두 가지 형태로 나뉘는데, 첫 번째는 서비스 이용자가 일정액의 보험료를 납부하는 건강보험방식과, 두 번째는 별도의 비용을 수납하지 않고 국가가 조세에 의해 재원을 조달하여 주로 저소득층을 대상으로 하는 공적부조방식이 있다. 우리나라의 노인건강 보장체계는 건강보험, 의료급여, 노인건강 진단제도, 그리고 2008년 7월에 실시되고 있는 노인수발 보험제도가 있다.

(1) 국민건강보험

국민건강보험법은 국민의 질병, 부상에 대한 예방, 진단, 치료, 재활과 출산, 사망 및 건강증진에 대하여 보험급여를 실시함으로써 국민 건강 향상 및 사회보장 증진을 목적으로 2000년 7월 1일부터 실시되었다. 우리나라 의료보험제도의 역사를 보면, 1963년 의료보험법이 제정되었으나 임의가입제로 되어 실효를 거두지 못하였다. 결국 1977년, 500인 이상 사업장에 강제 적용하기 시작하여, 연차적으로 확대하여, 1988년 직장의료보험이 5인 이상 사업장 근로자에게까지 확대적용되었고, 동시에 지역의료보험도 농어촌지역에 실시되었고, 1989

년 7월 도시지역 의료보험을 실시하여 전 국민 의료보험시대를 열었다. 1997년 국민의료보험법이 제정되었고, 1999년 2월 국민건강보험법이 공포되어 다음 해 2000년 7월 1일 실시된 것이다. 국민건강보험에 대해 아래와 같이 정리할 수 있다.

① 보험급여

보험급여란 가입자나 피부양자가 질병·부상에 대한 예방·진단·치료·재활과 출산·사망 및 건강증진에 대하여 공단에서 현물 또는 현금형태로 지급하는 것을 말한다. 현물급여는 요양급여이다. 급여대상자가 질병, 부상, 출산 등으로 진찰, 검사, 약제, 치료재료의 지급, 처치, 수술, 기타의 치료, 예방, 재활, 입원, 간호, 이송이 필요할 때 이에 대하여 급여를 제공한다. 질병을 조기에 발견하여 가입자의 건강유지를 도모하고, 동시에 조기치료로 인한 재정지출을 최소화하려는 것이다.

② 의료급여

의료급여제도는 2000년 10월부터 국민기초생활보장법이 시행됨에 따라, '의료보호' 제도가 '의료급여'로 바뀌어 2001년 10월 1일부터 시행되고 있다. 이는 생활유지 능력이 없거나 생활이 어려운 저소득 국민에 대해 세금을 재원으로, 의료문제를 해결하기 위한 공적부조방식의 사회보장제도이다.

③ 노인건강진단

건강보험과 관계없이 노인복지법과 의료법에 근거하여, 노인질병의 조기발견 및 조기치료를 실시, 노인의 건강유지와 증진을 통하여 건강하고 활기찬 노후를 보장할 목적으로 1983년 처음 시행되었다. 노인복지법상에서는 65세 이상의 노인으로 규정하여 보편적 적용 원칙으로 되어 있으나, 보건복지부가 주관하는 실제사업에서는 시, 군, 구 관할구역에 거주하는 65세 이상 국민기초생활보장대상 노인 중 노인건강진단 희망자로 되어 있다.

1차 진단에서는 심전도, 혈액 검사 등 12항목이고 2차 진단(1차 진단 후 유질환 소견자 및 전년도 유질환 소견자)은 총 42개 항목을 검사대상으로 하고 있다.

④ 노인장기요양보험

노인장기요양보험제도[103]는 고령이나 노인성 질병 등으로 인하여 일상생활을 혼자 수행하기 어려운 노인 등에게 신체활동 또는 가사지원 등의 장기요양 급여를 사회적 연대원리에 의해 제공하는 사회보험제도이다. '장기요양'은 영어의 'long-term care'라는 용어를 번역한 말로 이해할 수 있는데, 이 용어를 그동안 우리나라에서는 요양, 요양보호, 수발, 간호, 개호(일본 용어), 케어 등 여러 가지 용어로 번역하여 사용하여 오다가, 2005년 9월 정부가 "노인수발보장법"을 만들면서 '수발'이라는 용어를 쓰기로 결정하였다. 그 후 우여곡절 끝에 2007년 4월 2일 "노인장기요양보험법"이라는 명칭으로 법이 통과하면서 영어 용어와 같은 의미인 노인장기요양으로 결정되었다.

---

103) 노인장기요양보험: 고령이나 노인성 질병 등으로 인하여 6개월 이상 동안 혼자서 일상생활을 수행하기 어려운 노인 등에게 신체활동 또는 가사지원 등의 장기요양 급여를 사회적 연대원리에 의해 제공하는 사회보험 제도이다.

장기요양 급여는 대상자의 심신상태와 부양여건에 따라 노인의료 복지시설 등에 장기간 입소시켜 서비스를 제공하는 시설급여, 목욕이나 간호, 주·야간 보호, 단기보호 등을 제공하는 재가급여104), 그리고 가족요양비나 특례요양비, 요양병원간병비 등의 특별현금 급여로 구분된다.

(2) 노인사회보험

사회보험의 기본성격상 전 국민이 보험부담자임에도 불구하고 수급자를 지나치게 제한함으로써 사회보험의 기본철학인 사회연대의 보편성을 고려하지 못하는 한계를 보이고 있다. 즉, 전체가입자(보험료를 내는 사람)는 3,124만 명인 상황에서 급여대상자는 8만 5,000명 수준이고 2010년 중증(3등급)까지 대상을 확대해도 전체노인의 3.1%인 16만 6,000명으로 제한한다는 것은 사회보험의 의미를 상실하는 것이라 할 수 있다.

현재 우리나라는 독일과 일본 등의 외국의 사례를 검토하고, 전문가회의와 현장조사 등을 통하여, 평가, 판정도구를 개발하고 있는 중이다. 이 도구를 통하여 서비스의 필요도를 측정하여, 요양보호를 보다 세분하여 등급화(4~6등급)하는 연구를 더불어 진행하고 있다. 노인인구의 증가, 특히 후기고령인구의 급증과 사회환경의 변화, 요 장기요양노인에 대한 가족부양의 한계 등으로 인한 노인장기요양보험의 도입 필요성은 사회적 공감대를 형성한 듯하다.

노인장기요양보험 역시 그 어느 나라보다 빠른 노령화와 사회복지

---

104) 재가급여란 도우미가 가정을 방문해 간호나 목욕 등의 서비스를 제공해주는 것이고 시설급여는 요양시설 서비스 이용료를 말한다.

욕구의 필요성으로, 20여 년의 준비를 거쳐 제도를 도입한 독일이나 1989년 'Gold Plan' 이후 10년 이상 준비한 일본과 비교하여 5~6년이라는 짧은 준비기간밖에 갖지 못하였다. 그래서 여러 많은 사회단체나 한국노총[105] 등은 보다 철저한 준비를 통한 성공적인 시행을 요구하고 있다.

---

105) 노총: 한국노동조합총연맹으로서 조합민주주의를 관철하고 자본과 권력으로부터 노동운동의 자주성을 견지하고, 노동기본권의 완전한 보장을 통하여 노동자의 인간다운 삶을 확보한다. 완전고용과 생활임금의 확보, 노동시간의 단축을 지속적으로 추진하고, 산업재해 없는 안전하고 쾌적한 작업환경과 공해 없는 맑은 생활환경을 실현해나간다는 목적을 구현.

제4장
우리나라
노인복지정책의
개선방안

제1절 우리나라 노인복지정책의 문제점

1. 노인복지 정책방향의 미흡

정부가 아무리 좋은 정치를 한다 해도 좋은 정책이 없으면 이를 시행할 수 없다. 그리고 좋은 정책을 가지고 있다 하더라도 적기, 적시, 적소에 시행하지 않으면 좋은 정책이라 말할 수 없다. 1997년 외환위기 이후 실시된 구조조정과 기업의 도산으로 인해 중·고령 근로자들이 대량으로 노동시장으로 유입되었고, 현재도 명예퇴직이나 희망퇴직으로 인해 많은 중·고령근로자들이 일자리를 잃고 있다.

중·고령근로자들은 노동시장에서 정상적인 취업의 기회를 가지지 못하는 것이 일반적이기 때문에, 이들에게 고용의 기회를 확대하려는 취지에서 고용단계에서부터 일반근로자보다 적극적인 조치가 필요하다고 생각한다. 인구의 급증과 관련되어 있는 문제에는 식량, 에너지, 광물, 오염, 산업생산, 생활수준, 사회구조의 변화, 농촌에서 도시로의 인구이동에 따른 문제에는 노동력 부족, 도시 생활환경의 악화, 병리현상의 증가 등이 지적될 수 있다.

인구집중을 억제하는 정책으로는 대도시의 주요 기능을 분산하는 방법이 제시되고 있다. 인구구성과 관련된 노령화 사회는 인구변천에서 제3기에 나타난다. 노인의 성향이 나타나기 시작하는 시기는 개인차가 매우 심하여 몇 세부터를 노쇠기라 하기는 어려우나 사회적으로 정해져 있는 공식, 비공식 퇴직연령이후에 노인문제 현상이 심화된다. 우리나라의 노령인구가 늘어나고 그에 대한 서비스를 지원받고자 하는 사람들이 늘어남에 따라 점점 노인복지정책도 전문화되어가고 있다.

그중에서 가장 중요한 부분을 차지하는 것이 재가복지인데, 현재 우리나라의 재가복지정책은 많은 발전은 하였지만 대상 선정의 부적합성이나 서비스 내용의 전문성 결여와 재가노인 복지사업의 서비스 경로가 이원화되거나 분절되어 있어 재원의 낭비 또는 중복이 되는 경우가 있고 자원을 조달할 때도 많은 문제가 야기되고 있다. 이에 선진국의 사회보장비 지출을 <표 30>에서 보듯이 선진국의 절반에도 못 미치는 수준이며 현저하게 낮은(OECD[106])의 1/3 수준) 사회비로 향후 복지건설에 성공하려면 선진국의 전철을 모델 삼아 복지재정을 지혜롭게 준비하는 복안을 세워야 할 것이다.

---

106) Marshall Plan의 효율적 수행을 위해 각국 간의 경제계획을 조정할 필요가 있었기 때문에 1948년에 유럽경제협력기구(Organization for European Economic Cooperation: OEEC)를 창설했다. 이사회는 모든 회원국으로 구성된 전체기관이다. 이사회는 비정기적으로(대개 1년에 한 번) 열리는 각료회의와 정기모임인 상주대표회의로 구성. 이사회의 결정(decision)과 권고(recommendation)는 만장일치로 채택된다. 각료회의의 의장은 그해 의장국으로 선출된 나라의 각료가 맡는다.

<표 30> 선진국의 사회복지 지출비

(단위: GDP 대비 %)

	캐나다	프랑스	독 일	이탈리아	영 국	미 국	일 본	한 국	OECD 평균
계(A+B)	17.8	28.5	28.8	25.8	22.3	15.2	17.5	8.7	22.4
공공사회 지출(A)	17.8	28.5	27.4	24.4	21.8	14.8	16.9	6.1	21.2
법정민간 지출(B)	–	–	1.4	1.4	0.5	0.4	0.6	2.6	0.8

(자료: OECD, 2004)

노인복지의 발전을 이루기 위해서는 공적차원과 민간차원의 협력을 통하여 전체적인 발전이 함께 요구된다고 할 수 있다. 분명 노인복지의 발전을 모색하기 위해서는 이 두 가지 차원을 함께 다루어야 한다. 사실 민간차원의 노인복지가 공적차원의 노인복지와 밀접한 관련을 맺고 있기에 현행 노인복지정책의 개선방향을 모색하고 선진국의 성공모델을 배우고 또한 복지지출비에 <표 31>에서 보듯이 우리나라의 노후 최저소득 보장제도에 대한 복안을 세우고 빠른 기간 내에 선진국의 수준으로 올리는 노력이 필요하다. 이에 노인복지의 나아갈 방향을 다음과 같이 제시한다.

① 좋은 정책이 있다 하더라도 그것을 집행하여 최종적인 서비스가 정책대상자에게 효과적으로 전달되지 못한다면 정책의 효과는 반감되거나 실패할 가능성이 크다. 이에 전달체계 시스템을 확실하게 해야 한다.

② 우리나라의 사회복지 행정체계는 크게 사회보험 전달체계와 공공부조 및 사회복지서비스 전달체계로 나눌 수 있는데, 전담기구의 부재와 전문인력의 부족으로 전반적인 복지행정의 효과성

과 효율성이 떨어지고 있다.

③ 우리나라의 사회복지 행정체계는 복지부, 노동부, 행안부, 교육부, 여성부 등 관련부처 간 독자적인 복지 관련정책 및 서비스로 분산되어 있어 복지행정의 비효율성을 초래하고 있다.

④ 사회복지 전달체계가 보건복지부 소관 정책임에도 불구하고 행정안전부 산하 시, 도에서 군, 구, 읍, 면, 동의 행정조직을 통해 집행되고 있다. 이와 같이 사회복지서비스를 담당할 전담부서 및 기구가 없기 때문에 복지행정의 효과성과 전문성이 저하되고 있다.

⑤ 우리나라 사회복지 전담공무원 1인당 생활보장 담당가구는 약 161가구로 일본의 67가구, 벨기에, 노르웨이의 60∼100가구 등과 비교했을 때 2배 이상의 수치이다. 이와 같이 과도한 담당가구로 말미암아, 전문요원이 매일같이 1가구를 가정방문한다고 하더라도 6개월에 1회 정도도 방문하기 힘든 상황이 초래되고 있다.

⑥ 주민들의 다양한 복지욕구와 수요를 수용할 수 있는 새로운 복지프로그램의 개발과 제공이 절실히 요구되고 있으며 노후최저소득보장, 즉 기초생활수급자에 대한 관리 역시 기존 행정안전부 산하의 행정조직으로는 적절하게 대응하지 못하고 있다. <표 32>를 살펴보면 우리나라는 최근에 많은 지출비가 늘어났음에도 불구하고 아직도 선진국의 1/3 수준에 머물고 있다.

<표 31> 서방 선진국들의 노후최저소득보장제도

보증소득형태		금액/년	자산조사	재원조달
한국	65세 이상 기초연금	990,000원	무	국세
독일	기초보장제	가구주 4,140유로	수급자/배우자자산, 30% 제외	일반세
프랑스	65세 노령 최저	독신: 7500 부부: 13,138	연금보장급여, 수입, 자본급여	조세
이탈리아	보충최저연금	60/64세 5,894 65세 이상6,630	독신: 5,559 부부: 9,925	국고
영국	65세 이상 기초연금	독신: 5,691 부부: 8687	무	조세
캐나다	65세 이상	독신: 84,56 배우자: 75,430	공적소득비례 연금만 고려	조세
일본	65세 이상 주거공적연금	독신: 10,428 부부: 14,350	무	보험료

(자료: 노동부, 2006)

⑦ 지방화시대가 진전됨에 따라 지역사회의 복지수요를 충족시키는 데 있어서 민간부문의 역할이 크게 확대되고 있어 민간기관 이용프로그램, 복지서비스 등 복지 관련 정보에 대한 요구 또한 증대되고 있다. 그러나 사업내용이나 이용방법을 몰라서 활용하지 못하는 경우가 많아 노인들이 필요로 하는 복지서비스를 쉽게 효과적으로 접근할 수 있도록 일원화된 정보제공 체계가 요구되고 있으며 국가의 사회보장비의 확충이 절실히 필요하다.

<표 32> 선진국가의 사회보장비(GDP에 대한 비율) 변화추세

국가/연도	1980	1985	1990	1995	1998
프랑스	21.14	26.62	26.45	28.98	28.82
독일	20.28	20.98	20.29	26.70	27.29
이탈리아	18.42	21.27	23.87	23.75	25.07
캐나다	13.26	16.97	18.25	19.23	18.03
영국	18.19	21.27	21.62	25.84	24.70
미국	13.13	12.87	13.36	15.41	14.59
일본	10.12	10.96	10.80	13.47	14.66
한국			3.16	3.67	5.94
편차/변동계수			0.221	0.208	0.189

(자료: OECD, 2001)

2. 고령자 고용지원정책의 미흡

고령자고용촉진법에 따른 고령자 고용지원 대책은 55세 이상의 고령자에게 고용의 기회를 확대하려는 취지에서 대통령령이 정하는 일정 수 이상의 근로자를 사용하는 사업주에 대하여 기준고용률 이상의 고령자를 고용하도록 노력할 의무를 부과하고 있다. 다만 이러한 규정은 노력규정이므로, 이를 위반 시 처벌 내지 부담금을 발부할 수 없지만, 이를 준수한 기업에게는 세제상의 여러 가지 혜택과 지원을 할 수 있도록 정하고 있다.

국가, 지방자치단체 등에 대하여는 일정 직종에 대해 고령자와 준고령자(50세 이상 55세 미만)를 우선 채용할 의무를 부과하고 있다. 사업주는 근로자의 정년이 60세 이상이 되도록 노력하여야 하며, 정년에 도달한 자가 그 사업장에 재취업을 원하는 경우에는, 그 직무수행능력에 적합한 직종에 재고용하도록 노력하도록 정하였다. 이 외에도 고령자의 노동에 대한 지니계수[107]가 <그림 2>에서 살펴보면 우리나라 노동자들의 임금이 일에 비해 현저하게 낮음을 보여 주고 있다. 일한 만큼 균등한 분배가 이루어지고 합당하도록 관리를 해야 하며 사업주의 노동착취에 대한 방안을 세워야 하며 이에 노동부장관에게 고령자에 대한 직업능력개발훈련, 사업주에 대한 고용지도, 사업주의 고령자 교육, 훈련 및 작업환경 개선에 대한 지원 등의 사업을 하도록 규정하고 있다. 그러나 현실적으로 법적 제도가 미약해 고용지원정책의 여러 가지 미흡한 부분이 나타나고 있다.

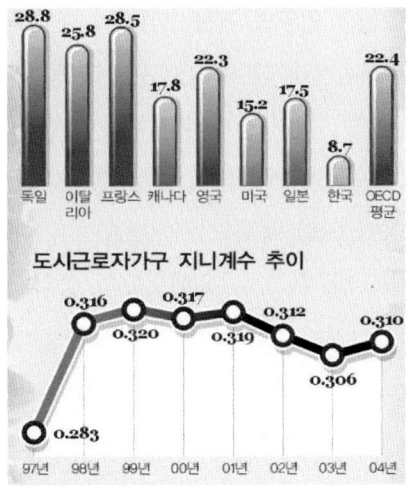

(자료: 보건복지부, 2006)

<그림 2> 사회비 지출 및 근로자 지니계수

우리나라 고령자의 지원고용에 대해서 크게 세 가지의 미흡한 점

---

107) 지니계수: 분배 불평등도를 측정하는 대표적인 지표로서 '0'에서 '1'까지의 측정지수 값으로 표현되는데, 0이면 '완전 평등', 즉 국민 모두가 똑같이 나눠 가진 경우이다.

으로 정리해 보면 다음과 같다.

(1) 고령자 고용에 의한 비용 증가의 문제점이다.

고령자의 고용이 증가하면 할수록 연공임금체계는 유지가 불가능하게 된다. 많은 선진국의 경우를 보더라도 고령자의 고용은 비용증가의 면에서 문제가 되고 있고, 특히 일본의 경우는 연공임금제도가 아직도 남아 있어 고령자를 고용했을 경우 고용비용 증대가 기업경영에 큰 영향을 주고 있고 우리나라의 경우도 같은 실정이다.

(2) 고령자에게 적합한 업무의 개선이다.

모든 생물은 고령화함에 따라 체력, 운동능력 등이 저하하게 된다. 예를 들면 노안 또는 귀가 먹거나 허리나 무릎에 통증을 느끼는 경우도 많다. 고령자는 육체노동은 적합하지 않는가 아니면 현재는 자동기계 등의 발달에 의해 옛날처럼 육체노동의 필요성이 대폭 감소하고 있다. 따라서 고령자에게도 할 수 있는 육체노동의 범위가 확대되고 있다.

지력의 문제에 있어서도 고령자이기 때문에 능력이 저하됐다고 보면 잘못된 생각이다. 한편 고령자를 일률적으로 판단하지 말고 개개인의 능력에 맞는 일을 하게 하면 된다. 일반적으로 경험을 살리는 컨설팅 또한 대인관계를 중요시하는 서비스 관련 등이 적합하며 이에 일할 수 있는 업무의 개선이 필요하다.

(3) 고령자의 일할 의욕과 자세이다.

현재는 정년을 60세로 하는 기업이 많다. 최근에는 정년을 65세로 하고 있는 기업도 증가하고 있다. 그러나 종래의 기업은 고령자고용촉진108)에 적극적이지 않았다. 그 이유는 국제경쟁력의 저하와 고령자의 임금문제가 존재하고 있기 때문이다. 인건비와 물가의 상승으로 명목수입에 비해 노동자 생활의 질이 떨어졌기 때문이다.

한편 기업은 달러의 명목임금 총액을 억제해 노동생산성의 향상과 함께 중요하다. 고령자의 임금이 업무량에 비해 너무 비싸서 총 노무비용의 상승의 원인이 되고 있다. 많은 기업은 현시점에서 희망자 전원에 대한 고용연장제도109)를 실시할 수 없는 이유는 고령자의 생산력(기업에 대한 공헌도)보다 고령자의 인건비가 많이 들기 때문이다. 만약에 고령자의 인건비보다 고령자의 생산력이 동등 혹은 크게 되면 어느 기업에서도 고용연장제도를 도입할 것이다. 그러나 일반적으로 직능급제도110)(능력주의 임금제도)는 경험연수가 증가함에 따라 직무에 숙지하고 직무능력이 높아진다는 사고방식을 채택하고 있고, 숙지도에 따라 정기승급이 되기 때문에 근속연수의 증가와 함께 임금도 증가하게 된다. 이에 고령자의 일할 의욕이, 자세가 되어 있어도 현실적으로 65세 이상의 고령자를 고용하는 기업은 여러 가지 이유 등으로 많지 않은 게 우리의 현재 실정이다.

3. 노인건강보장 및 지원정책의 미흡

우리나라의 경우 급격한 인구 고령화에 따른 노인의료비 지출이

---

108) 고령자고용촉진법은 최근 평균수명의 연장 등으로 인구구성에 있어 고령자가 차지하는 비율이 증가하고 있는 반면, 이들의 취업이 저조하고 산업인력의 부족현상이 심각해지고 있는 점 등을 감안하여, 고령자가 그 능력에 적합한 직업에 취업하는 것을 지원·촉진함으로써 고령자의 고용안정과 국민경제의 발전에 이바지하려는 것이다.

109) 고용연장제도: 정년연장 수혜자는 물론이고 은퇴 후 재고용된 직원을 뜻하는 제도이다.

110) 직능급제도: 직능급은 종업원으로 하여금 적극적인 능력개발을 유도하여 능력주의 임금관리를 실현한다.

크게 증가하는 추세에 있으며, 중산, 서민층 노인이 이용할 수 있는 노인요양시설이 절대적으로 부족한 현실에서 공적 노인요양 보장체계를 확립하여 국민의 노후불안 및 노인가정의 부담경감 필요성에 의거, 정부는 2007년 7월 노인요양보험제도의 도입을 마련하였다. 실행위원회의 정부 최종건의안을 토대로 제도 시안을 살펴보면 전 국민을 가입자로 하며, 이 중 수급권자는 65세 이상 노인 중 치매, 중풍 등 중증 노인부터 시작하여 단계적으로 확대하고, 재원조달은 보험료 및 정부지원과 이용자 20% 부담으로 설계되어 있다.

요양급여[111])의 범위와 종류는 간병, 수발 등의 일상생활 지원, 요양관리, 간호, 재활, 기타 복지지원 서비스를 내용으로 하고 있다. "2005 고령자통계"에 따르면 우리나라는 평균수명 연장 및 출산율 감소로 인해 2000년에 65세 이상 노인인구의 비율이 7.2%로 고령화 사회로 들어선 데 이어 2005년 현재 65세 이상 노인인구는 438만 7,000명으로 전체인구의 9.1%를 기록하고 있다.

2018년에는 14.3%까지 높아져 고령사회에 진입할 예정이며, 향후 2026년에는 21.3%로 초고령 사회에 도달할 전망이다. 또한 노인인구의 증가와 더불어 대두되는 문제로는 노인의 특성상 현재 노인인구의 약 80% 이상이 한 가지 이상의 만성질환을 앓고 있다는 것이다. 이것은 누군가의 보호를 필요로 하는 대상자들이 늘어난다는 것이며, 이러한 고령사회에 대한 문제는 비단 우리나라의 문제만은 아니다. 세계 각국에서 고령화 현상으로 인하여 다양한 노인의료정책이 강구

---

111) 요양급여: 근로자가 사업장에서 근무 도중 재해를 입게 되고, 그것이 업무상 원인으로 인하여 발생한 산업재해라고 한다면 각종 보험급여가 재해자에게 지급된다. 그중에서도 요양급여는 어찌 보면 가장 기본적인 보험급여라고 할 수 있다.

되고 있으며, 사회보장제도 혹은 사회복지정책에서 노인복지정책이 상당한 위치를 갖고 있는 것이 사실이다. 앞으로 이러한 경향은 더욱 강화되고 노인인구의 증가로 인하여 미래에는 단순히 노인건강정책이라는 단편적인 정책수단보다는 국가의 전체적인 측면에서 노인인구가 가져올 파급효과에 대비하여 국가의 틀과 방향을 새롭게 해야 하는 노인건강에 대한 지원을 정부 차원에서 적극적으로 준비해야 할 것이다.

건강보험공단이 고령화가 급속히 진전됨에 따라 치매, 중풍 등 요양보호 필요 노인이 급격히 증가하기 때문에 국민의 노후 불안해소 및 노인가정의 부담경감을 도모하기에 노인요양 급여는 반드시 실천해야 하나 이에 따른 여러 가지 문제점 또한 발생하는 것이 사실이다. 문제점을 살펴보면 5가지 정도로 정리해 보면 다음과 같다.

① 노인의료비 지출에서의 부족이다.
② 노인의 건강보호 시설관리 및 부족이다.
③ 노인복지법과 관련한 노인건강 지원사업 측면에서의 미흡하다.
④ 노인환자 가족에 대한 지원서비스 측면에서의 미흡하다.
⑤ 노인요양 보장제도 시행이 잘 이루어지지 않고 있다.

이러한 문제점들을 정부나 국가가 좀 더 체계적으로 관리해 나아감으로 향후 좀 더 안정적인 시스템 속에서 노인의 의료와 건강을 보장받을 수 있으리라 기대해 본다.

제2절 우리나라 노인복지정책의 개선방안

1. 노인복지 정책방향의 개선

일반적인 노인문제는 고독, 소외, 소득, 건강, 지위와 역할의 상실에서 오는 문제로 볼 수 있다. 이는 빈곤, 병고, 고독, 무위의 4고이다. 이러한 문제의 해결을 위한 방향은 경제, 직업, 가정, 주택, 의료와 건강, 교육, 문화와 오락 등에서 인간으로서의 존엄성, 평등, 공정을 실현하는 것이어야 한다. 그리고 이에 맞추어 정부의 각종 제도와 시책이 마련되어야 한다.

산업화와 그로 인한 의학 및 과학기술의 발달로 노인인구가 증가하고 평균수명 또한 높아져 고령화 사회로 급속히 진행되고 있다. 고령화 문제는 핵가족화 문제를 수반하여 가정생활과 전통적 가치관, 노인부양 의식에 변화를 가져오고 노인단독가구를 증대시켜 노인보호문제와 그에 따른 사회복지 서비스의 수요를 급증시키게 된다.

인간생활에 있어서 가장 기본적인 요소는 문화적이고 건강한 인생을 향유하는 데 있다. 그러므로 국가행정의 궁극적인 목적은 인간의 복지증진에 있다고 할 수 있다. 우리나라는 1960년대 초반에서 시작된 국가경제개발계획의 결과 고도의 경제성장과 더불어 사회문화 등의 여러 분야에 괄목할 만한 성장을 거두었다. 비록 1997년 12월 IMF의 구제금융을 받아 한때 경제적으로 어려움을 경험하였으나, 그러한 경제적 상황이 구체적인 정책분야에서는 한 정책의 폐지와 축소 등의 영향력을 발휘할 수 있을지는 모르나, 국가가 국민의 복지에 궁극적 책임을 지고 있다는 사실은 변함없이 국가의 역할로 남아 있는 명

제라고 할 수 있다.

지난 연말 정부는 급속히 진행되고 있는 고령화 사회에 대비하여 노인복지사업의 확대를 추진한다는 기조 아래 고령사회대책기본법의 입법추진을 준비하고 있다고 발표한 바 있다. 미국, 일본, 유럽의 선진국들이 공통적으로 안고 있는 고령화 사회 대비는 노인복지정책 <표 33>에서 살펴보면 우리나라는 2007년도에 재정한 장기요양 보험제도 외에 기초생활자, 즉 저소득자에 한하여 복지제도를 구성하고 있는 반면 선진국의 경우 노인전체의 복지에 대한 큰 틀을 바라볼 수 있다.

〈표 33〉 선진국의 노인복지정책

국가	주요 정책제도		
미국	재가보호서비스	복지시설민영화	프로그램개발
영국	주택서비스강화	가사지원구축망	재가보호제도화
일본	신골드플랜사업	개호보호제도화	보장제도체계화
프랑스	국민연대이념화	연속보호제도화	복지영역의 포괄성
독일	보조금제도활성화	가족상호의무화	재가복지제도화
이탈리아	탈시설화지향정책	보장제도의무화	종합적연금체계
캐나다	보장제도확충	완전보장4대보험	노숙자지원대책

최근 정부가 발표한(보건복지부, 2007) 노인복지정책 종합대책 실행계획의 주요 내용을 보면 다음과 같다.

① 노인의 소득보장 및 고용촉진을 위해 국민연금과 경로연금제도를 내실화하여 소득보장의 사각지대를 해소하며, 능력 있는 노인의 고용기회를 확대하고 노인의 사회참여 및 창업지원 활성화를 위해 지역사회시니어클럽[112](CSC)을 확충한다.

---

112) 시니어클럽: 노인들의 사회참여를 통해 건강하고 보람 있는 노후생활을 구현하고자 보건복지부에서

② 노인건강증진을 위하여 노인의료 복지시설의 확충과 중산층 서민을 위한 실비요양보호의 확대 및 민간투자 활성화를 유도하고, 노인의학 전문의, 노인전문간호사제도를 도입하며 장기적으로는 공적 노인요양 보호체계를 구축한다.

③ 노인교육 및 여가[113)기회 확대를 위하여 노인복지회관 및 경로당 등 노인 여가시설 운영을 내실화하고, 노인교육과 노인문화 기회확대 및 노년에 필요한 여러 가지 정보제공을 위하여 노인정보안내서(보건복지부, 2010년도 예정)를 서둘러 시행한다.

④ 실버산업 육성을 위하여 종합적인 Silver town 육성을 위한 민간투자 유치방안 마련과 노인복지용품의 안전한 사용을 위해 생산유통 확대를 위해 정부의 지침과 수입품에 대한 수입관세 및 감면품목을 확대한다.

⑤ 노인복지사업의 원활한 추진을 위하여 노인복지사업의 모범이 되는 고령사회대책기본법 제정과 총괄조정기구로 고령사회대책위원회를 구성, 운영하고 아울러 노인복지정책 역량강화를 위해 노인복지조직을 확대한다.

이러한 다섯 가지 정책적 기조를 갖고 올해 추진되고 있는 사업 중 큰 부분의 하나가 전국에 보호자의 손길을 절실하게 필요로 하고 있는 여러 가지 노인성질환을 가지고 있는 노인을 위한 여러 가지 요양시설지원이다. 이를 위해 정부가 내놓은 정책은 치매상담센터 지원대상을 48개 보건소[114)에서 올해는 96개로 증대하고, 2004년에는 전국

지정한 노인자활 후견기관이다.

113) 여가: 단지 남는 시간이 아니라 무엇인가 정열적으로 추구할 충분한 에너지가 있는 시간으로 이해해야 한다. 다시 말해서 여가를 위한 적절한 마음의 여유가 있어야 하며, 여가의 기회를 가진 사람이 잘 받아들여야 하고 창조적인 태도가 필요하다(Bammel & Bammel, 1996).

보건소로 확대할 계획이라고 밝혔다. 이러한 방침에 의해 전국의 주요 보건소에서는 치매관련 노인을 위한 치료시설을 확충하는 등 크고 작은 시설정비가 진행될 것으로 추측된다. 또 공립치매요양병원의 단계적 확충을 위하여 2002년까지 28개소에 지원하던 것을 2003년에는 9개소를 신규지원하며 농어촌지역에 소형 치매요양병원 설치를 확대할 계획이고, 저소득 노인을 위한 무료 치매, 중풍 노인보호시설 및 전문요양시설을 확대할 계획이라고 밝혔다.

현재 노인인구(만 65세 이상) 80%가 3개 이상의 질병을 앓다가 사망하는 것으로 보도되고 있고 남성의 경우 고혈압, 중풍, 당뇨, 치매 순이며 여성의 경우 고혈압, 관절염, 중풍, 치매 순으로 나타나고 있다. 이에 대한 노인병에 대한 개선방안으로 다음과 같다.

① 고혈압, 중풍, 치매들을 치료, 재활할 수 있는 요양과 치료, 재활을 동시에 보호받을 수 있는 종합적 요양보호 시설건립을 추진해야 할 것이다.

② 공적 노인요양 보호체계 구축을 위한 첫 단계로 보건복지부는 전문기관을 통한 연구(보호시설확충, 프로그램개발, 기초생활 보호자확대 등) 용역 실시와 중산층과 서민층 노인을 위한 실비노인시설 활성화를 위해 지역사회 유휴자원 활용방안을 적극 강구해야 한다.

③ 이에 따른 재정확보로 개인사업자의 세금징수에 새로운 법제도를 적용해 탈세자를 줄여, 늘어나는 공적 세금을 복지사업에 활용해 나가야 할 것이다.

---

114) 보건소: 질병의 예방·진료 및 공중보건의 향상을 위하여 각 구·시·군에 설치한 공공의료기관

2. 고령자 고용지원정책의 개선

노인복지정책 중 가장 필요한 것 중 하나가 고령자 일자리 창출인데 일자리는 기업이나 개인사업자 국민들에게만 강요하고 국가는 자금을 집행·감시만 하는 것이 가장 문제인 것으로 생각되며, 국가가 노인의 일자리를 창출하기 위하여 직접투자, 간접투자를 하고 직접적인 감시를 하고 취업이 곤란한 고령근로자에게 고령자 촉진 장려금, 신규고용 촉진 장려금 등을 비롯한 각종 장려금 및 고령자 New Start Program[115] 등을 통해 고령자 고용촉진을 유도하고 재취업을 희망하는 고령자에게는 직업능력개발 및 일자리 찾아주기 등을 노동부에서 적극 지원해야 한다. 이에 우리나라의 급격한 고령화 사회에 대비차원에서 제시하면 다음과 같다.

① 고령사회 대응의 일환으로 정부는 기업의 연령차별에 대한 법적 규제를 강화하고 기업도 고령사회에 부합되고 기업특성에 적합한 인사관리 인력정책의 수립이 시급하다.

② 장기적으로 보아 정년제도가 폐지되어야 하겠지만, 정규직 근로자의 직장에서의 퇴출시기가 지나치게 빠른 지금의 현실에서는 정년 연령의 연장노력과 더불어 고용안정의 조치들이 선행되어야 한다.

③ 고령자 친화적 근무환경을 조성함으로써 고령자의 고용을 확대해야 한다. 우수한 능력을 갖춘 고령자의 경험과 기술이 사회적으로 사장이 되지 않도록 국가나 기업들의 노력이 중요하다.

---

115) New start program: 50세 이상 고령자에게 일정기간 취업능력향상 패키지 프로그램을 제공함으로써 중·고령자의 직업능력개발 및 재취업을 촉진하고 인력이 부족한 중소기업에는 일할 의욕이 있는, 훈련된 고령인력을 활용할 수 있는 기회를 제공한다.

④ 고령근로자의 업무 노하우를 활용하는 제도적 장치가 필요하며 일과 생활의 양립이 가능한 유연근로시간 체제로 전환하는 방안도 고령인력의 확보와 업무의 효율적 활용의 중요한 요인이 되므로 이에 대한 대책이 필요하다.

⑤ 고령자도 지속적인 자기계발을 통해 노동의 연장을 하려는 노력을 하여야 하며, 제도적으로도 고령자의 경력개발 프로그램이나 고령화 사회에 노동력부족과 부담비용을 절감하고 지속적인 경제성장을 위해 국가와 기업 개인 모두가 고령층 노동력 활용에 노력해야 할 것이다. 우선 일하고 있는 고령층을 위해 새로 도입된 임금피크제도[116)]를 사용하는 사업장에 대한 지원이 이루어져야 한다. 또한 <표 34>에서 보듯이 선진국들은 고령자 고용지원정책에 많은 정책제도를 가지고 있다. 이에 우리나라도 선진국들의 성공적인 사례들을 모아 집중 분석하여 가장 좋은 것으로 모델 삼아 적극적으로 도입하여 활용해야 한다.

〈표 34〉 선진국 고령자 고용정책

국가	주요 정책제도		
미국	경제활동기회 제공	관련프로그램 개발	직업재활법 확충
영국	고용자인식변화	고용·내용방향 설정	연령챔피언제도
일본	연령차별화금지	지역사회요구충족	정년연장제
프랑스	고용연대계약	부가연금제도	조기퇴직제보안법
독일	정년연장제도	Initiative 50 plus	실업급여기간 연장
이탈리아	종합적연금체계	탈시설화제도	종합적활동 지원
캐나다	의료비지원확대	원격근로	재취업교육훈련

116) 임금피크제: 일정 연령(피크 연령)이 지나면 생산성에 따라 임금을 줄이는 대신 정년을 보장하거나 일정 기간 고용을 연장해 주는 방식의 임금제도를 말하는 것이다.

3. 노인건강보장 및 지원정책의 개선

우리나라는 노인의 건강상태에 따라 주거시설과 의료시설로, 운영
방법에 따라 국가지원 및 실비지원시설과 민간운영의 유료시설로 나
누어 시설유형을 분류하고 있다. 크게 4가지로 노인주거 복지시설,
노인의료 복지시설, 노인여가 복지시설, 재가노인 복지시설로 다른
선진국에 비해 현격히 부족하고 대부분 정부지원 복지시설은 의료시
설을 중심으로 확충되어 왔으며, 2000년대 들어 사회적 반응을 끌고
있는 실버산업의 경우도 주로 병원이 주최가 되어 치유환경의 확장
된 맥락으로 건설된 몇 개의 실버타운[117]만이 성공을 거두고 있는 상
황이다. 그러나 향후 관광, 쇼핑, 레저 활동을 통해 제2의 인생을 즐
기려는 노인들의 건강과 경제적 능력을 갖춘 노인인구가 증가하는
추세로 본다면 실버산업은 새로운 소비시장으로 떠오를 것이다.

이러한 노인주거 복지시설의 공급확대를 위해서는 민간기업이나
개인운영의 유료노인 복지시설의 공급이 적극 요구되며, 이들의 참여
와 일반노인들의 복지시설 이용확대를 위해서는 정부의 세제감면과
금융지원과 시설부지 공급 등 여러 가지 지원정책과 혜택이 필요하
다는 것이 실버산업 초기에 있는 우리나라의 상황이다. 도시생활을
기반으로 하는 노인을 대상으로 지어진 Seniors tower[118]는 최근 강서
타워를 준공하고, 분당에 대규모 Silver tower를 건설하고 있는데, 입

---

117) 실버타운: 유료 노인복지 주거시설을 통칭하는 말로 유료노인 복지주택과 유료노인 양로시설 등이 이에
해당되며, 거주하는 데 필요한 주거시설, 의료시설, 레저나 스포츠 같은 휴양시설 등 각종 시설과 서비스
기능을 갖추고 있는 노인전용의 복지요양시설이다.

118) Seniors tower: 고품격 노인요양시설로 노인전문이며, 복지시설, 치매, 중풍 등 노인성질환 의료, 재활서
비스 등을 제공하며 사회복지사, 간호사, 요양보호사 등이 거주하여 노후를 행복하게 보낼 수 있는 대단
위 공간이다.

소를 대기하는 노인들로 성황을 이루고 있다고 한 관계자는 전했다. 이러한 현상을 보더라도 노후의 건강과 생활을 위한 Program과 시설이 제대로 갖추어진 노인주거 복지시설은 점차 그 수요가 증가될 것이며, 다양한 형태의 주거시설들의 제안이 미래 환경에는 필수적임을 알 수 있다.

즉 미래형 주택에서는 '건강'의 개념이 주요한 이슈로 등장할 것이라는 이야기이다. 질병치유라는 의료환경의 주된 기능이 적정건강의 수준을 유지시키고 증진시키는 건강관리 개념으로 확대 발전하고 있는 경향을 생각해 볼 때 건강관리 기능은 병원이 아닌 곳, 복지주거시설, 스포츠센터, 건강관리센터, 직장 등과 더불어 특히 주택에서 일어날 가능성이 향후 의료건강 주택의 필요성이 강조되고 있다. 향후 노인복지시설에 대한 개선방안을 제시하면 다음과 같다.

① 2002년 보건복지부[119] 통계에 의하면 노인요양시설은 96개소, 실비노인 요양시설은 13개소, 유료요양시설은 11개소가 있으며, 노인전문 요양시설은 57개소, 유료 노인전문 요양시설은 3개소가 운영 중이다(통계청, 2001). 전체 노인인구에 비해 너무 미미한 정도로 지원되고 있는 노인요양시설의 공급이 보다 적극적으로 이루어져야 한다.

---

119) 보건복지부: 국민의 보건과 복지정책의 수립을 관장하는 중앙행정기관이다.

<표 35> 선진국 고령자 건강지원 정책

국가	주요 정책 제도		
미국	의료보호제도	의료부조제도	노인자문기관확충
영국	요양시설확충	재가복지활성화	노인보호주택
일본	노인홈제도	실버산업활성화	개호보험제도
프랑스	노인보호주택법	교통편의서비스	여가활동지원
독일	장기요양보호	사회요양보험제도	노인수발보험제도
이탈리아	노인의료정책	주택보건서비스	사립양로원활성화
캐나다	건강보호5대원칙	보험제도민영화	건강실태보고서

② 현재 우리나라는 노인의료 복지시설을 국가가 직접 운영하기보다
는 사회복지법인 등 민간단체에서 운영하는 경우가 대부분이다.
당분간은 정부의 주도로 의한 무료시설의 공급량을 늘리는 것이
필요하며 향후 민간단체, 교회 및 사회사업가 등으로 영역을 확대
해 나가야 한다. <표 35>에서 보듯이 이미 많은 선진국들은 고령
자 건강보장에 대해 많은 프로그램들을 가지고 실행 중에 있다.
우리나라도 정부가 좀 더 체계적인 프로그램 개발에 적극적으로
나서야 한다.

③ 우리나라 노인병원의 주된 환경은 환자 통제 위주의 정신병원
에 가깝다. 노인성 질환이 몇몇 건축가들이 설계한 건물 또한
환자들의 행태를 제대로 파악하여 설계된 모범적인 사례로 보
기 힘들었다고 하면서, 노인병원에 대한 사회적 인식조차도 혐
오시설로 간주될 정도로 여러 가지로 사회인식 개선과 노인에
대한 이해가 시급히 선행되어야 한다.

④ 이러한 노인의 보호는 가족 내에서 이루어지는 것이 일반적이었
지만 급속한 산업사회로 진입하면서 현재는 여성의 사회진출 증

가나 핵가족화 현상으로 노인의 요양서비스의 형태가 가족에서 점차 사회로 확대될 수밖에 없는 현실이다. 그리고 주거군 가까이에서 이러한 의료 및 보건복지 서비스를 받으면서 여생을 살아갈 수 있는 일상적인 생활 안에서의 혜택을 받을 수 있는 복지지원시설의 확충이 절실히 필요한 시기이므로 정부 차원에서 적극적으로 나서야 한다.

제5장
요약 및 결론

우리나라 노인복지제도는 저성장과 양극화라는 경제적 요인과 인구구조의 고령화라는 환경변화에 직면하고 있다. 그리고 이러한 요인 중 일부는 현재적 위험으로 작용하고 있으며, 다른 일부는 우리가 피부로 당장 느끼지 못하고 있는 다가오는 여러 가지 위험으로 예고됨을 알 수 있다. 급속한 노령인구 증가 및 저출산으로 맞을 경제위기 등 우리 사회는 현재의 위험에 어떻게 대처하며, 다가오는 위험에 맞서 무엇을 준비해야 하는지에 대한 진지한 성찰이 필요한 상황이다.

한국 노인복지정책의 발전방향에 대하여 여러 가지 정책들이 종합적으로 추진되는 프로그램으로 개혁하는 것이 필요하며, 이러한 개혁이 개별적인 프로그램의 개혁보다 종합적으로 추진할 때 추진력에 있어서 효과적이다. 예를 들어, 노인장기요양제도 및 노인소득 프로그램의 개혁과 연계된 하나의 정책으로 논의가 이루어지는 것이 바람직하다. 더구나 노인복지서비스 부문이 급속히 팽창하고 있는 사회보험 부문에 비하여 상대적으로 복지정책 발전이 미진한 것도 우리나라 노인복지체제의 문제로 지적된다. 노인복지 선진화를 위한 정책 개발이 절실히 필요한 시기에, 본 연구에서 선진국의 노인복지를 분석하여 이에 대한 개선방안을 제시하였으며 향후 우리나라 밑거름이 되었으면 하는 바람이 본 연구의 목적이라 할 수 있다.

이에 본서에서는 서방 선진국과 한국의 노인복지정책의 분석을 통하여 한국의 노인복지정책의 발전방향 및 적용할 수 있는 제도 및 서비스에 대한 시사점을 얻고자 하는 데 있다. 현실에서의 노인문제점은 여러 가지가 있지만 시급히 필요한 정책의 문제점을 살펴보면 다음과 같다.

① 노인복지의 System 및 목표부족이다. 어떤 일을 집행하든지 목표가 정확해야 한다. 노인복지정책에 대한 분명한 목표가 먼저 설정되어야 한다.

② 노인복지 Program의 다변화다. 다양한 복지제도를 구현하기 위해서는 보다 많은 프로그램이 개발되어 필요한 곳에 활용하여야 한다.

③ 이러한 복지제도를 실행하기 위해서는 무엇보다도 준비된 재정이 필요하다. 정부와 국가가 나서서 재정에 필요한 자료를 수집하고 분석하여 우리나라에 맞는 노인복지를 지원해야 하며 현재 현저하게 낮은 사회비 지출을 선진국을 모델 삼아 점차적으로 개선해 나가야 한다(사회지출비: 우리나라 10%대 / 선진국 20%대 - GDP 기준, 통계청, 2007년).

특히 우리나라 노인복지는 시행한 지가 얼마 되지 않아 구조적인 문제점을 많이 안고 있다 서두르지 말고 점차적으로 하나씩 풀어 나가야 할 것이다. 이에 노인복지정책의 개선방안을 정리해 보면 다음과 같다.

① 통일을 대비한 남북한 민족공동체의 사회통합에 필요한 21세기 복지

정책 발전계획을 보다 구체적으로 수립하고 통일에 대비해야 한다.

② GDP 20%의 사회복지비 지출을 확보하기 위해 전국적 소득조사를 실시하며 상환제도의 도입 등의 과감한 세제개혁에 의한 적절한 복지재원 확보가 이루어지게 한다.

③ 정책결정 과정에 사회구성원들 대표들이 모두 참여할 수 있는 민주적 참여구조를 확립하여 많은 아이디어 창출을 유도한다.

④ 최저 '빈곤선'을 설정하여 국민복지 기본선을 보장하고 최저생활 이하 가구에 대한 세제감면 또는 공공요금감면을 통한 복지를 제공하며 기초생활수급자의 범위를 확대하여 사회안전망을 구축한다.

⑤ 4대보험을 장기요양보험법으로 통일하여 행정 및 전달체계를 효율적 운영이 되도록 한다.

⑥ 지역사회 주민의 요구와 특성의 파악, 필요한 서비스의 개발, 지방의 재정자립도 확립을 위한 기반조성, 전문성의 확보 등을 할 수 있는 효과적인 국가 차원의 사회복지 행정체계를 확립한다.

⑦ 국가복지의 한 보완적인 문제로 민간복지단체, 종교단체 및 사회사업가의 적극적인 참여를 유도, 활성화한다.

⑧ 정부나 국민의 낮은 복지의식을 고양하기 위하여 노인복지의 중요성을 알리고 전 국민에게 적극적인 참여를 홍보해야 한다. 그러나 선진국들에 비해 현저하게 낮은 사회비로 복지건설을 하려다 보니 많은 어려움과 한계점에 이르게 된다.

본서에서 향후 노인복지정책의 연구방향을 제시하면 다음과 같다.

① 소득, 의료, 주거, 교육, 고용, 사회복지서비스 등 6대 영역에서의 노인의 복지정책을 제정하고 국가가 주된 책임을 지고 보장

하는 국가사회복지제도의 현실적인 개혁이 요구된다.

② 복지제도가 제대로 정비되어 있지 못한 상태에 있는 노인복지에 대해 최저기본선을 제정하며 사회복지제도를 개혁하고 확충해 나가야 한다.

③ 노인복지제도의 현실은 지난 수십 년간의 저발전으로 인해 많은 사각지대를 남겨 두고 있으며, 보장성 또한 높지 않은 상황이다. 사각지대 해소와 보장성 강화를 위한 사회적 요구를 충족시키기에는 실용적인 검토가 필요하다.

④ 지속가능성을 고려한 장기적 목표를 설정하고, 그것에 이르는 현실적인 개편방안을 제안하여 현재 정부가 추진 중인 각 제도별 지속가능성과 전체노인복지제도의 지속적이고 차별 없는 정책을 유지해 나가야 한다.

이에 본 연구에서는 선진국의 노인복지정책의 정책방향, 고령자고용정책, 노인 건강보장 및 지원정책에 대해 알아보았으며, 유럽의 선진국과 우리나라와 비교하여 미흡한 점이 무엇인지를 파악해 보고 이에 대한 개선책을 연구해 보았다. 본서를 통해 향후 복지국가 발달에 이바지가 되었으면 하는 조그마한 바람이다.

참고문헌

1. 국내문헌

곽병은 · 김길수(2000), 「일본의 노인복지정책」, 『노인병』.

강용규 외(2007), 『사회복지 정책론』, 청목출판사.

강욱모 외(2006), 『21세기 사회복지 정책』(개정판), 청목출판사.

_____(1996a), 「노인복지정책연구: 외국의 노인복지 관련법」, pp.7~57.

고양곤(1996), 「외국의 노인복지정책」 한국노인문제연구소, 동인, pp.203~231.

김근홍(1996), 「독일의 노인복지관련법」, 한국노인문제연구소, pp.93~142.

김경신(1999), "외국의 노인복지제도", 한국건전사회교육학회.

김두섭(2001), 『변화하는 노인의 삶과 노인복지』, 한양대학교 출판부.

김승권 외(2006), 「한국 사회복지정책의 평가와 발전방안 연구」.

김수영 · 성명옥 · 김경호 · 조추용(2001), 『노인과 지역사회 보호』, 양서원.

김옥희(1998), 「일본과 미국의 노인복지정책 비교연구」.

김용택(1996), 「외국의 노인복지정책」, 한국노인문제연구소.

김정후 · 한만주(1998), 『노인인력 활용정책과 프로그램』, 집문당.

김태현(1994), 『노년학』, 교문사.

류공순(1999), "독일 노인복지서비스 현황과 문제점", 노인복지연구.

_____(1996), 「캐나다의 노인현황과 복지정책」, 한국노인문제연구소.

박광준 · 황성철 외(1997), 『고령화 사회와 노인복지』, 세종출판사.

_____ 외(1999), 『고령화 사회와 노인복지』, 세종출판사.

박석돈(1997), 「노인의 욕구변화와 고령자 고용에 관한 연구」, 『노인학연구』.

박재간(1979), 『노인문제와 대책』, 서울: 이우출판사.

_____(1997), 「노인복지정책연구」, 한국노인문제연구소.

_____(1995), "영국의 노인문제와 복지정책", 국제노인문제연구소.
박종성(2007), 「고령화 노인복지정책의 개선방안 연구」, 호서대 석사논문.
서병숙(1992), 『노인연구』, 서울: 교문사.
성규탁(1997), 「각국의 고령자주택정책」, 한국노인문제연구소.
신건희(1997), 「우리나라 노인복지정책의 현황과 전망」, 『한국노년학』.
안홍순(1999), 『독일의 고령화와 사회요양보험의 과제』, 세종출판사.
양옥남 외 3인(2006), 『노인 복지론』, 서울: 공동체.
원영희(1996), "미국의 노인복지정책 현황 및 미래", 한국노인문제연구소.
유성호(1999), "노인 대상 서비스정책 개발방안 – 미국 Missouri주의 OATS 소개".
_____ · 모선희 외 공저(2000), 『노인복지론』.
윤규정(2003), 「노인복지정책의 개선방안 연구」, 중앙대학교 석사논문.
이가옥 외(1994), 「노인 생활실태 분석 및 정책과제」, 한국보건사회연구원.
이상각(1997), 「노인복지정책연구: 각국의 주거정책」, 한국노인문제연구소.
이선자 · 김기훈 · 최영복(1997), 「외국의 노인복지정책시설에 관한 고찰」.
이인수(1999), 『현대 노인 복지론』, 양서원.
장인협 · 최성재(2002), 『노인 복지론』, 서울대학교출판부.
차형호(2007), 「노인복지정책의 발전방향에 관한 연구」, 광주여대 석사논문.
최재성(1996), 「미국 노인 복지법의 복지서비스 전달체계」, 한국노인문제연구소.
한경혜(1997), 「인구의 고령화와 가족생활」, 서울대 생활과학연구소.
한외성(1995), 「독일의 노인복지정책 및 프로그램」, 『유럽의 노인복지』.
_____(1996), 「일본의 노인복지 관련법」, 한국노인문제연구소.
허정무(2000), 『현대사회의 노인문제와 노인복지』, 협신사.
황성철(1999), 『미국의 노인문제와 노인복지정책』, 세종출판사.

2. 기타

영국대사관 홈페이지: ukinkorea.fco.go.uk
미국대사관 홈페이지: korean.seoul.usembassy.gov
캐나다대사관 홈페이지: canadainternational.gc.ca
프랑스대사관 홈페이지: fra.mofat.go.kr
독일대사관 홈페이지: deu.mofat.go.kr
이탈리아대사관 홈페이지: ita.mofat.go.kr
일본대사관 홈페이지: emb-japan.go.jp

보건복지부 홈페이지: mohw.go.kr
통계청 홈페이지: nso.go.kr
Internet: Yahoo, Naver, Daum, Paran, Google

3. 외국문헌

Alesina, Alberto & Howard Rosenthal(1995), Partisan Politics, Divided and the Economy, Cambridge University Press.

Cichon, Francis. G.(1978), The Social Democratic of Socity, A Study of the Achievements and Origins of Scandinavian. (London, Routleedge).

Dains M. Dinitto and Tomas R Dye(1983), Social welfare of Politics Esping Andersen.

Gosta(1996), Welfare State Dilemmas in a Global Economy. (London: Sage Publications).

Gunlicks(1985), Local Government in the German Frederal System, Durham, Duke University Press.

Mishra, R.(1990), The Welfare State in Capitalist Socity: Policies of retren chment and Maintenance in Europe, N. Y. Harvester Whestsheaf.

Gorden, Margaret S.(1988), Social Security in Industrial Countries: A comp arative Analysis, Cambrige University.

Kohl. J.(1981), The Development of Welfare States in Europe and America. (Princeton, Transaction Books).

Ovretveit, J.(1993), Coordinating Community Care, Open University Press.

Pampel, Fred(1989), Age Class Politics and the Welfare State, Oakland University Press.

Williamson, J. B.(1993), Old-age Security in Comparative Perspective, New York, Oxford University Press.

양석원

사랑나눔연구소 소장이고 문성요양교육원의 주임교수이다. 또한 지식나눔연구소에서 연구위
원으로도 지내며, 한양대학교 사회복지 석사, 아세아연합신학대 기독교복지 박사과정, 서울기
독인연합회 감사로 지내고 있다.

G-7 국가의
노인복지정책

초판인쇄 | 2012년 1월 10일
초판발행 | 2012년 1월 10일

지 은 이 | 양석원
펴 낸 이 | 채종준
펴 낸 곳 | 한국학술정보㈜
주   소 | 경기도 파주시 문발동 파주출판문화정보산업단지 513-5
전   화 | 031) 908-3181(대표)
팩   스 | 031) 908-3189
홈페이지 | http://ebook.kstudy.com
E-mail | 출판사업부 publish@kstudy.com
등   록 | 제일산-115호(2000. 6. 19)

ISBN   978-89-268-2979-0 93330 (Paper Book)
        978-89-268-2980-6 98330 (e-Book)